Adorno

Mauro Bozzetti

Adorno

EDITORA
IDEIAS&
LETRAS

Direção Editorial:
Edvaldo M. Araújo

Conselho Editorial:
Fábio E. R. Silva
Jonas Luiz de Pádua
Márcio Fabri dos Anjos
Marco Lucas Tomaz

Tradução:
Alessandra Siedschlag

Preparação e Revisão:
Hanna Késia dos Santos Lima
Thalita de Paula

Diagramação:
Airton Felix Silva Souza

Capa:
Tatiane Santos de Oliveira

Título original: *Adorno*

Via Antonio Gramsci, 26
Brescia (Italia)
ISBN: 978-88-350-4267-9

1ª impressão

Editora Ideias & Letras

Avenida São Gabriel , 495
Conjunto 42 - 4º andar
Jardim Paulista – São Paulo/SP
Cep: 01435-001
Editorial: (11) 3862-4831
Televendas: 0800 777 6004
vendas@ideiaseletras.com.br
www.ideiaseletras.com.br

Dados Internacionais de Catalogação na Publicação (CIP) de acordo com o ISBD

B793a Bozzetti, Mauro

Adorno / Mauro Bozzetti ; traduzido por Alessandra Siedschlag. - São Paulo : Ideias & Letras, 2021.

Tradução de: Adorno
Inclui bibliografia e índice.
ISBN: 978-65-87295-18-3

1. Filosofia. 2. Dialética. 3. Adorno. I. Siedschlag, Alessandra. II. Título.

2021-3448 CDD 100
CDU 1

Elaborado por Vagner Rodolfo da Silva - CRB-8/9410
Índices para catálogo sistemático:
1. Filosofia 100
2. Filosofia 1

A todos os amigos atônitas[1]

1 Nota da tradutora: Referência ao santo bizantino do séc. X, São Atanásio, o Atonita, organizador dos monastérios do Monte Atos.

Sumário

I. Biografia

Solicitado por Thomas Mann, que pedia alguns *apontamentos* biográficos a fim de reconstruir a gênese do *Doutor Fausto*, Adorno responde com a carta do dia 5 de julho de 1948: "Caro e estimado doutor Mann, para mim é uma alegria fornecer-lhe alguns dados biográficos. Nasci em 1903 em Frankfurt. Meu pai era um judeu alemão; minha mãe, também ela cantora, é filha de um oficial francês de ascendência corsa – originalmente genovesa – e de uma cantora alemã. Cresci em uma atmosfera completamente dominada por interesses teóricos (também políticos) e artísticos, sobretudo musicais. Estudei filosofia e música. Em vez de me decidir por uma ou por outra, sempre tive a impressão, na minha vida, de ir atrás, através de dois percursos diferentes, do mesmo objetivo".[1]

Theodor Ludwig Wiesengrund-Adorno, filho do negociante de vinhos judeu Oskar Wiesengrund e de Maria Barbara Calvelli-Adorno, é batizado no dia 4 de outubro de 1903 na catedral de Frankfurt,[2]

---

1 Cf. ADORNO, Th. W.; MANN, Th. *Il metodo del montaggio, Lettere 1943-1955*, por Ch. Gödde e Th. Sprecher. Trad. it. de C. Mainoldi. Milão: Archinto, 2003, p. 23.

2 Quando Adorno, em uma carta de 1934 a Ernst Krenek, diz que quando era estudante havia considerado a hipótese de se converter ao catolicismo, isso soa um pouco estranho, porque Adorno já é, para todos os efeitos, um membro da Igreja católica, e na paróquia da catedral de Frankfurt nunca foi encontrado um pedido de renúncia a esse *status*. Desde jovem, Adorno recebeu educação sobre a tolerância

segundo o rito católico. A infância é feliz e o percurso escolar é marcado por vários reconhecimentos: supera o exame de maturidade no Kaiser Wilhelm-Gymnasium como melhor aluno do ano, com apenas dezessete anos. Em 1921 inscreve-se na Universidade de Frankfurt para estudar filosofia, psicologia, sociologia e ciências musicais, seguindo o estudo da música e do piano no Conservatório da cidade.

Em um encontro em um seminário, conhece Max Horkheimer, oito anos mais velho, com quem compartilhará o percurso intelectual, as tensões políticas e os anos de emigração nos Estados Unidos. Ao mesmo período remonta o convívio com Walter Benjamin, decisivo para a influência visionária e mística e para o fascínio por sua grande erudição. Igualmente decisivo será o convívio com Gretel Karplus, já amiga de Benjamin e de outros personagens importantes como Ernst Bloch e Bertolt Brecht, que por toda a vida estará ao seu lado, compartilhando interesses e estudos com autonomia e vivacidade intelectual.

Em 1924 escreve a tese de doutorado em filosofia com Hans Cornelius sobre *A transcendência do*

---

religiosa (e sobre olhar a uma certa distância as controvérsias teológicas), mas talvez olhasse com mais simpatia a religião católica materna. Como escreve Müller-Doohm, Adorno – ao contrário de Benjamin – não manifesta um interesse direto pelos grandes mestres do judaísmo, como Martin Buber e Franz Rosenweig, e mantém uma certa distância estético-intelectual a respeito das temáticas fortes da tradição judaica. Cf. MÜLLER-DOOHM, S. *Adorno: Eine Biographie*. Frankfurt a. M.: Suhrkamp, 2003, p. 37. No que se refere, porém, ao pensamento filosófico de Rosenweig e sua influência sobre Adorno, veja a introdução de Remo Bodei em *Il gergo dell'autenticità*, trad. it. de P. Lauro. Turim: Einaudi, 1989, p. XV, e as minhas teses em *Hegel und Adorno*. Freiburg-Munique: Karl Alber, 1996, p. 232-234.

coisal e do noemático na fenomenologia de Husserl.[3] No ano seguinte, está em Viena para estudar composição com Alban Berg e piano com Eduard Steuermann. Encontra Arnold Schönberg e Georg Lukács, participa das aulas – verdadeiros monólogos teatrais – de Karl Kraus, autor de *Os últimos dias da humanidade*, que tanto influenciou uma geração inteira de intelectuais. Sobre ele, Elias Canetti dirá: "Kraus era os meus princípios. Kraus era a minha força".[4]

A fim de conseguir a licenciatura para ensino universitário, em novembro de 1927 Adorno entrega a Cornelius o texto *O conceito de inconsciente na doutrina transcendental da alma*. Ele, porém, dará uma opinião negativa e aconselhará Adorno a não o apresentar na comissão examinadora da Faculdade de Filosofia.

Superado o momentâneo sentimento de derrota, para terminar o percurso acadêmico, Adorno escolhe um novo tema: a estética de Kierkegaard, e um novo professor: Paul Tillich. O novo texto de licenciatura, que será publicado em 1933 com o título *A construção do estético em Kierkegaard*, é avaliado positivamente por Tillich e por Max Horkheimer (como segundo revisor).

A convite da Sociedade Kantiana de Frankfurt, dá a conferência de título "A ideia de história natural", e publica o ensaio "Sobre a situação social da música" na

3 Muitos críticos italianos, erroneamente, se referem a esse primeiro escrito acadêmico de Adorno como tese de conclusão de curso; trata-se, em vez disso, da dissertação de doutorado.

4 Cf. CANETTI, E. *Il frutto del fuoco: Storia di una vita (1921-1931)*. Trad. it. de A. Casalegno e R. Colorni. Milão: Adelphi, 1982, p. 167.

Zeitschrift für Sozialforschung, revista do Instituto para a Pesquisa Social, dirigido por Horkheimer.

Em setembro de 1933, Adorno perde o direito de ensinar na universidade e sua licença é cassada. A situação política piora, a perseguição aos judeus por parte dos nazistas se torna realidade cotidiana. Adorno tenta se estabelecer na Inglaterra: com a ajuda do Academic Assistance Council, consegue um contato com a Oxford, inscreve-se no Merton College como *advanced student* em filosofia e começa a trabalhar em um texto sobre a fenomenologia de Husserl.

Em 1936, Horkheimer lhe comunica a decisão de contratá-lo de forma fixa no Institute of Social Research de Nova Iorque, onde já vivia como exilado. No ano seguinte, em nome do Instituto, Adorno faz uma viagem a Paris, e em junho é convidado por Horkheimer para passar duas semanas em Nova Iorque. No mesmo ano, em 8 de setembro, Adorno se casa em Londres com Gretel Karplus (que precisou abandonar sua fábrica em Berlim). Max Horkheimer e o economista inglês Redvers Opie são testemunhas do matrimônio.

A transferência para Nova Iorque acontece em 1938. Adorno começa a colaborar um projeto de pesquisa sobre o rádio, dirigido por Paul Lazarsfeld. Na revista do Instituto é publicado o seu primeiro artigo escrito em inglês: "O fetichismo na música e a regressão da audição".

Em setembro de 1940, o casal Adorno recebe a chocante notícia do suicídio de Walter Benjamin, barrado na fronteira espanhola enquanto fugia do horror nazista.

O ano de 1941 é dedicado à *Filosofia da música moderna*. Em novembro, o casal Adorno se transfere para Los Angeles (onde permanecerá por oito anos), também para aproximar-se dos Horkheimer e dar continuidade ao projeto em comum de trabalho, que ao fim terá o título *Dialética do esclarecimento*.[5]

Em fevereiro de 1945, Adorno entrega a Horkheimer, em ocasião do aniversário de cinquenta anos do amigo, a primeira parte dos aforismos que comporão *Minima moralia*. Thomas Mann se vale da consultoria de Adorno para escrever as páginas relativas às composições do personagem Adrian Leverkühn em seu romance *Doutor Fausto*.

Dois anos depois, pela editora Querido, em Amsterdam, é publicado *Dialética do esclarecimento*.

Depois de quinze anos de emigração em um país que Adorno jamais amou verdadeiramente, em 1949 ele volta à Alemanha para lecionar na Universidade de Frankfurt como substituto de Horkheimer, que ficou nos Estados Unidos. Hans-Georg Gadamer, pronto para aceitar o chamado da Universidade de Heidelberg, declara-se publicamente a favor de Adorno como seu sucessor.

Em 1951, a editora Suhrkamp de Frankfurt publica *Minima moralia*, livro que tem uma recepção

5 N. T.: Optamos por "esclarecimento" em vez de "iluminismo" por ser a forma que melhor traduz o sentido mais amplo que "*Aufklärung*" encontra em Adorno e Horkheimer, qual seja, o de ser um processo e não uma corrente filosófica.

positiva por parte da crítica e dos leitores. Adorno será oficialmente autorizado por Stefan Benjamin a publicar os escritos de seu pai, Walter Benjamin. Dois anos depois, é nomeado professor extraordinário de Filosofia e Sociologia na Universidade de Frankfurt. Publica muitos ensaios, entre os quais o importante "Anotações sobre Kafka".

Em 1954, Adorno será nomeado vice-diretor do Instituto, e, consequentemente, aumentam os compromissos e as responsabilidades. No mesmo ano lhe será conferida a medalha Arnold Schönberg (*Arnold Schönberg Medaille*). No ano seguinte, expirado seu passaporte americano, Adorno retoma a cidadania alemã perdida em 1938. Publica *Prismas*, coletânea de ensaios sobre a crítica da cultura e da sociedade, e é curador, junto com a esposa, Gretel, da edição em dois volumes dos *Escritos* de Benjamin.

1956 é o ano da publicação de *Dissonância* e do volume *Para a metacrítica da teoria do conhecimento: Estudos sobre Husserl e as antinomias fenomenológicas*. Encontra-se em Viena com Helene Berg, e em Frankfurt reencontra o amigo Siegfried Kracauer, com quem na juventude havia compartilhado (todas as tardes de sábado) a leitura da *Crítica da razão pura*, de Kant. No ano seguinte torna-se professor (não sem resistência dentro da faculdade) e, logo em seguida, diretor do Instituto para a Pesquisa Social, cargo que certamente não ajudou a melhorar seus problemas de insônia.

Em outubro de 1959, na exposição de arte contemporânea *Documenta*, de Kassel, Adorno fala sobre a *Nova música*. A rádio regional Hessen transmite suas teses sobre *A democratização das Universidades alemãs*. O encontro com o atormentado poeta Paul Celan, promovido por Peter Szondi durante sua estadia veranil em Sils Maria, na Engandina (Suíça), não termina bem; porém, Adorno manterá com ele uma relação epistolar. Por ocasião da *Poetik-Dozentur* em Frankfurt, encontra a escritora e poetisa Ingeborg Bachmann. No ano seguinte, no centenário do nascimento do compositor da Boêmia, publica um livro sobre Gustav Mahler, e faz um discurso comemorativo em Viena.

Em 1961 sai o segundo volume de *Notas de literatura*. Adorno está comprometido com diversas conferências em Paris e em cidades italianas, entre as quais Roma, Palermo e Perugia. No Congresso da Sociedade Alemã de Sociologia, em Tübingen, o debate entre Adorno e Popper sobre a *Lógica das ciências sociais* causará a polêmica do chamado *Positivmusstreit*, ou seja, a discórdia entre *dialéticos* e *racionalistas* sobre a relação entre ciência e filosofia.

Em ocasião de seus sessenta anos, a cidade de Frankfurt o premia com a *Goethe-Plakette*. Publica *Três estudos sobre Hegel*. Em Berlim, na conferência da *Hölderlin-Gesellschaft*, dá uma palestra que será publicada no ano seguinte sob o título *Parataxe*.

Como substituto de Horkheimer na cátedra de Filosofia e Sociologia, é chamado Jürgen Habermas, que com o tempo se tornará o sucessor crítico da Escola de Frankfurt.

Em 1964 publica *Jargão da autenticidade*, texto muito polêmico acerca de Heidegger e de seu existencialismo pelos conhecidos acontecimentos políticos. Dois anos depois, segue a publicação de *Dialética negativa*, texto decisivo para a compreensão de seu pensamento. É curador, junto a Gershom Scholem, da publicação em dois volumes das cartas de Benjamin. Em julho de 1967, pela primeira vez, os jovens do movimento estudantil perturbam fortemente uma conferência sua na Universidade de Berlim. O conflito com a ala radical estudantil fica mais forte: em janeiro de 1969, Adorno faz com que o Instituto para a Pesquisa Social, ocupado pelos estudantes, seja evacuado pela polícia. Em abril, suas aulas são novamente contestadas e interrompidas. Em um artigo na *Süddeutsche Zeitung*, Adorno declara: "Quando construí meu modelo teórico, não poderia imaginar que alguém fosse querer implementá-lo com coquetéis *molotov*".[6] Discute publicamente com Herbert Marcuse sobre a atitude correta a se ter em relação ao ativismo inescrupuloso do movimento estudantil.

Continua a trabalhar com todas as forças na elaboração da *Teoria estética*, que não conseguirá completar. Adorno morre em decorrência de um infarto em 6 de agosto de 1969, durante férias em Zermatt.

Dois importantes projetos não serão realizados: um estudo sobre Beethoven, que teria o título *Filosofia da música*, e um livro sobre a filosofia moral.

Teoria estética é lançada, com curadoria de Gretel Adorno e Rolf Tiedemann, um ano após sua morte, em 1970.

---

6 Relatado em JAY, M. *Theodor W. Adorno*. Trad. it. de S. Pompucci Rosso. Bolonha: Il Mulino, 1984, p. 53.

II.

Análise das obras

1. Considerações gerais

Os vinte volumes que constituem a *opera omnia* de Adorno pela editora Suhrkamp de Frankfurt evidenciam a supremacia numérica dos textos dedicados à teoria musical, à literatura e à poesia, em relação aos de estrito caráter filosófico e, mais ainda, sociológico. Logo é confirmada a figura poliédrica desse pensador: a de teórico da matéria estética, também enquanto musicista e compositor; a de sociólogo político; e, enfim, a de – talvez mais correspondente à sua índole – filósofo que depende do poder criativo da linguagem para encontrar conceitos fortes e adequá-los à realidade histórica. A influência de Adorno sobre a história do pensamento é incontestavelmente ligada à sua filosofia, enquanto as suas composições musicais se mantêm objeto de considerações de especialistas.

As diversas almas da personalidade intelectual de Adorno permanecerão ativas e presentes por todo o arco de sua produção ensaística e monográfica caracterizada, como ressalta Rolf Wiggershaus,[1] por

1 Autor, além de uma bela monografia sobre Adorno, também de uma importante história da Escola de Frankfurt, o Instituto com que Adorno, desde 1938, colabora cada vez mais assiduamente, até tornar-se seu diretor, em 1959. Cf. WIGGERSHAUS, R. *Theodor W. Adorno*. Munique: C.H. Beck, 2006, p. 11; e WIGGERSHAUS, R. *Die Frankfurter Schule*. Munique: Hanser, 1988.

uma continuidade substancial. Difícil encontrar fases diversas na evolução de seu pensamento, mudanças de direção ou novos inícios; devo dizer logo, porém, que o advento do nacional-socialismo e o extermínio do povo judeu marcaram, de forma indelével, a sua biografia e, consequentemente, a sua reflexão, dando um novo fôlego àquilo que Martin Jay chamou de seu "silencioso" impulso judeu. E, segundo Wiggershaus, seria difícil também reconhecer entre as suas obras aquelas que pudessem se distinguir entre *fundamentais* e *menores*. A crítica se dividiu por muito tempo sobre esse assunto, alguns tomando partido da *Dialética do esclarecimento*, alguns da *Dialética negativa* ou da *Minima moralia*, com a intenção de encontrar o texto-guia para uma justa hermenêutica. Faz-se referência a esses livros, e também à (póstuma) *Teoria estética*, talvez os mais conhecidos de Adorno, tanto tematicamente quanto pela estrutura formal: o desenho do conjunto se reflete na fragmentariedade, elogiada por Adorno como a modalidade mais apta para expressar a atualidade de um mundo que (nos Lagers nazistas) perdeu definitivamente sua ordem preestabelecida.

A filosofia não é mais obrigada a falar por meio de tratados ou livros volumosos, tão caros à tradição acadêmica alemã; não deve mais se apresentar de forma *sistemática*, ou seja, expressão da compreensão unitária dos fenômenos sociais, do aspecto ideal e das dinâmicas subjetivas. Aos olhos de Adorno, aquela unidade tornou-se culturalmente problemática, eticamente dúbia e politicamente arriscada. A sua posição em relação à tradição filosófica é substancialmente prejudicial porque desconfia de qualquer hipótese de reconciliação entre pensamento e realidade política, que frequentemente implica novas formas de homologação social e intolerância cultural contra as alteridades étnicas, políticas ou religiosas.

O fragmento, o aforismo, a *micrologia* são formas de protesto contra as pretensões totalizantes: "Hoje, que o sujeito está em vias de desaparecer, os aforismos tomam para si a urgência de que 'exatamente o que desaparece seja considerado essencial'".[2] Mas Adorno confessa também que os aforismos de *Minima moralia* são formados na "escola" de Hegel, que estes insistem "em oposição" ao seu procedimento, e, todavia, em estreita "correspondência"[3] ao seu pensamento sobre a negatividade.

De Hegel, Adorno não herda apenas o método e o vocabulário, mas também o valor ao mesmo tempo lógico e dialético que o sinal negativo pode dar ao desenvolvimento das categorias filosóficas. Um crítico atento como Rüdiger Bubner observou que a intenção antissistêmica de Adorno, quando se decodifica para compreender os aspectos problemáticos das questões filosóficas fundamentais, obrigatoriamente se compromete com horizontes e necessidades sistemáticos. O dilema de Adorno seria aquele de querer

---

2 ADORNO, Th. W. *Minima moralia*. Trad. it. de R. Solmi, introdução de L. Ceppa. Turim: Einaudi, 1979, p. 5.

3 Cf. *ibid.*, p. 4-5.

"escrever um sistema contra os outros sistemas".[4] Essas duas características são obviamente rastreáveis em suas obras.

É também necessário lembrar que Adorno, de 1940 em diante, desde quando começa a colaborar em tempo integral com a vida do *Institut für Sozialforschung* (Instituto para a Pesquisa Social) e a dirigir a redação da revista *Zeitschrift für Sozialforschung* (Revista para a Pesquisa Social), percebe o seu comprometimento intelectual como parte de uma *Escola*, exatamente aquela *de Frankfurt*, que, como tal, tinha pretensões sistemáticas ou "enciclopédicas".[5] As competências econômicas, psicológicas, sociológicas, políticas, filosóficas e estéticas eram bem distribuídas entre os membros da *Escola*,[6] e formam o horizonte e o contexto de seu trabalho.

O tema da fragmentariedade não tem apenas uma vertente antissistêmica, mas reflete-se também na linguagem de Adorno, em seu particular estilo filosófico; este sem dúvida pouco tem de acadêmico, tendo sido influenciado por autores como Benjamin, Bloch e Kracauer, que se encontram a meio

4 BUBNER, R. "Adornos negative Dialektik". *In*: FRIEDEBURG, L. von; HABERMAS, J. *Adorno-Konferenz 1983*. Frankfurt a. M.: Suhrkamp, 1983, p. 35.

5 Cf. o texto de Wiggershaus, *Theodor W. Adorno*, *op. cit.*, p. 33: "O seu ideal era um pensamento enciclopédico: organizado racionalmente e ao mesmo tempo descontínuo, que se põe em questão em forma literária".

6 Entre as personalidades principais da Escola de Frankfurt, além de Horkheimer e Adorno, é preciso recordar W. Benjamin, E. Fromm, O. Kirchheimer, P. Lazarsfeld, L. Löwenthal, H. Marcuse, F. Pollocke e K. A. Wittfogel.

caminho entre a vocação literária e a vocação teórica. O próprio Hans Cornelius, filósofo neokantiano não ortodoxo que o acompanhará durante sua tese de doutorado (o seu *Doktorvater*, para usar a bela palavra alemã), não era uma figura acadêmica destinada unicamente ao desenvolvimento de suas pesquisas. Cornelius era muito sensível às linguagens artísticas: dedicado à pintura e à escultura, amava também estar às voltas com o piano, o mesmo instrumento tocado por Adorno,[7] e era declaradamente um homem de esquerda.

O estilo da filosofia deve estar, segundo Adorno, a meio caminho entre a precisão da linguagem fenomenológica e a criativa da poesia. Em sintonia com a prosa de Hölderlin, de Kafka e de Benjamin, sobre o qual escreveu ensaios importantíssimos, o seu ideal consiste em fazer falar as próprias coisas com objetividade e destaque. Forma e conteúdo estão indissoluvelmente ligados na questão do dizer.

Por muito tempo, o modelo de Adorno se mantém ligado à figura de Walter Benjamin, que, dez anos mais velho que ele, havia conseguido conjugar o pressuposto filosófico, sustentado por grande erudição, a uma forte conotação política, superando dessa forma a *fronteira* que separa o literato do filósofo.[8]

---

7 Cf. a útil biografia de Stefan Müller-Doohm, *Adorno Eine Biographie* (Frankfurt a. M.: Suhrkamp, 2003, p. 108).

8 No texto de Adorno: "Aliás, não respeitando a fronteira entre o literato e o filósofo, ele [Benjamin] fez da necessidade empírica a sua virtude inteligível. Vergonhosamente, as universidades o refutaram, enquanto o antiquário que morava nele se sentia atraído pelo mundo acadêmico da mesma forma irônica com que

Em uma carta a Martin Buber, Benjamin confessa: "Posso conceber a escrita, em geral, apenas como atividade poética, profética, objetiva",[9] enquanto aos seus olhos a escrita acadêmica é caracterizada por um "jargão" ou uma "linguagem vulgar".[10]

Em contrapartida, a invenção poética vive de metáforas, se alimenta de contradições, é, por sua natureza, paratática, vale dizer: as proposições de um período se equivalem sintaticamente. Adorno está convencido de que essa estrutura sintático-linguística possa explicar não apenas o método da poesia, em particular a de Hölderlin, à qual dedica o famoso ensaio *Parataxis*,[11] mas que possa constituir também a essência do seu próprio estilo filosófico. O paratático representa para Adorno um *antiprincípio* que foge às lógicas consequenciais para promover (e respeitar) os contrastes, combater o óbvio, fazer com que o processo sintético e as reconciliações fáceis percam terreno. A forma paratática se identifica com a fragmentariedade no jogo dos opostos, no aforismo.

A prosa de Adorno nunca é explícita, quase nunca joga (como a escrita de Benjamin, aliás) um jogo de cartas abertas. A acusação de ser dificilmente compreensível não impediu que sua obra fosse lida,

---

por exemplo Kafka sofria o fascínio das empresas de seguros". ADORNO. "Profilo di Walter Benjamin". *Prismi: Saggi sulla critica della cultura*. Trad. it. de C. Mainoldi. Turim: Einaudi, 1972, p. 237.

9 BENJAMIN, W. *Lettere* 1913-40. Turim: [s. ed.], 1996, p. 24.

10 Cf. o texto cit. de *Prismi*, p. 236.

11 ADORNO, Th. W. "Paratassi: Sull´ultima lirica di Hölderlin". *Note per la letteratura 1961-68*. Trad. it. de E. De Angelis. Turim: Einaudi, 1979, p. 127-169.

estudada e criticada como poucas, e que constituísse até hoje um denso material para a pesquisa filosófica.

2. Primeiros escritos e *Kierkegaard*

Os primeiros escritos acadêmicos de Adorno foram compostos sob a orientação de Cornelius e se voltam à fenomenologia de Husserl e à crítica kantiana. A dissertação de doutorado, de 1924, intitulada *A transcendência do coisal e do noemático na fenomenologia de Husserl*, trata da contradição entre o componente idealista e o realista transcendental na chamada teoria da reificação, que descreve o modo como as próprias coisas aparecem antes de qualquer trabalho interpretativo. Esse texto, relativamente breve, redigido no período de três meses, já contém parte das críticas que Adorno desenvolverá, em 1956, na obra *Para a metacrítica da teoria do conhecimento*.

Com Cornelius, Adorno escreverá, paralelamente ao estudo de composição e piano em Viena com Alban Berg e Eduard Steuermann,[12] também o trabalho de licenciatura para livre-docência. Este longo texto, intitulado *O conceito de inconsciente na doutrina transcendental da alma*, não será bem recebido por Cornelius, que aconselha o jovem e promissor

12 Muito curioso o que Berg escreve para Adorno na carta de 28 jan. 1926: "Cheguei à convicção [...] de que um dia, visto que o senhor se dedica completamente às coisas, deverá se decidir por Kant ou por Beethoven" (*apud* WIGGERSHAUS, R. *Theodor W. Adorno, op. cit.*, p. 19).

aluno que não o apresente à comissão da Faculdade. Segundo a motivação oficial de Cornelius, esse estudo estaria demasiadamente próximo à sua perspectiva neokantiana e lhe faltaria uma originalidade verdadeira, com conteúdos inovadores.

De fato, mais que desenvolver a intenção crítica, Adorno parece intencionado a se manter o mais fiel possível às teorias de seu professor. Nem mesmo o terceiro capítulo, sobre o confronto entre o conhecimento do inconsciente e o método psicanalítico, será julgado por Cornelius como eficaz contraposição ao psicologismo por ele próprio criticado. Lembremos que também Horkheimer, já amigo de Adorno e assistente de Cornelius, não está convicto da defesa desse texto de licenciatura.

Depois da tentativa fracassada de conseguir a licenciatura, Adorno muda radicalmente de perspectiva: escolhe como tema Kierkegaard e, como professor, o teólogo protestante simpático ao movimento dos socialistas religiosos Paul Tillich.

O livro *Kierkegaard* sairá em 1933 com o subtítulo *A construção do estético* – por *estético*, entende-se apenas uma teoria da arte, "mas, em termos hegelianos, uma posição do pensamento no que tange à objetividade", como lembrará Adorno no prefácio da edição italiana de 1962. Ali são tematizados os pontos centrais da crítica de Adorno ao existencialismo kierkegaardiano, muito em voga naqueles anos: a pretensão – insatisfeita – de superar o idealismo hegeliano e o papel minoritário designado, em princípio, à experiência estética.

A primeira tarefa de uma *construção* do estético na filosofia de Kierkegaard deve ser a de fazer a distinção entre conceitos e intenção poética para evitar que a essência veritativa da proposição filosófica seja prejudicada. O *incipit* do texto de Adorno, "Sempre que se tentou conceber os textos dos filósofos como obras de poesia, deixamos fugir a sua íntima substância de verdade",[13] fala claro: o peso e a consideração da invenção literária não devem se sobrepor à denúncia e ao forte conteúdo colocados em jogo pelas obras.

A primeira questão *não literária* tange a relação entre Kierkegaard e Hegel, relação esta marcada por *hostilidade,* mas também por dependência, sobretudo no que se refere à lógica dialética e à categoria da subjetividade. Querer manter um andamento capaz de fazer com que os opostos dialoguem sem uma referência sistemática e um olhar sobre o mundo impediria Kierkegaard de sair do cerco da subjetividade pura, enquanto para Adorno *pessoa* e *sociedade* constituem um único âmbito existencial. "Como adversário da doutrina hegeliana do espírito objetivo, Kierkegaard não expôs uma filosofia da história. Com a categoria da 'pessoa' e de sua história interna, ele queria excluir a história externa do âmbito de seu pensamento. Mas a história interna da pessoa se conecta antropologicamente com a externa na unidade da 'espécie' humana".[14]

---

13 ADORNO, Th. W. *Kierkegaard: La costruzione dell´estetico.* Trad. it. de A. Burger Cori. Milão: Longanesi, 1962, p. 21.
14 *Ibid.*, p. 91.

É preciso especificar que em termos hegelianos o espírito subjetivo, inclusive a antropologia, a consciência e a psicologia humana, não pode ser pensado sem a referência a um espírito mais objetivo – o que se refere ao direito, à moralidade e à ética social. Essas duas partes se completam para Hegel no chamado espírito absoluto (arte-religião-filosofia), do qual, porém, não trataremos aqui.

Enfim, Adorno quer sustentar que a tentativa de *superar* Hegel retornando a uma interioridade idealista, renunciando ao desenvolvimento externo ao perímetro do eu, deve necessariamente falhar porque não respeita exatamente aquela dialética interna às declinações do espírito. Da mesma forma, falho é o desejo de superar as contradições históricas que se apresentam na vida dos homens com o "salto" *enigmático* em direção a horizontes religiosos de caráter falsamente providencial.

Para Kierkegaard, a *doença* da nossa época é dada pela melancolia, que rouba a coragem e a esperança do sujeito. Em modo alegórico, porém, na melancolia é representado também um sentido profundo, a sua ação tende a salvar exatamente aquilo que se perdeu. O caráter egoísta da melancolia guarda em seu interior o traço providencial da verdade. Em *Estádios no caminho da vida*, Kierkegaard diz: "Qual é a minha doença? Melancolia. Onde mora essa doença? Na imaginação; e ela se nutre de possibilidades".[15] Por

15 KIERKEGAARD, S. *Stadi sul cammino della vita, apud* ADORNO, Th. W. *Kierkegaard, op. cit.*, p. 162.

possibilidades se entende a crença de que a Deus *tudo* é possível. É preciso, todavia, lutar para tornar não casual a possibilidade: "se aquele que está comprometido nesta luta perecerá ou não, isto depende unicamente da questão de conseguir encontrar a possibilidade, ou seja, se ele crerá. Porém ele compreende que, humanamente falando, a sua ruína é certa. Este é o momento dialético da fé".[16] Exatamente na tentativa de Kierkegaard de salvar a dialética de forma quase hegeliana é que Adorno encontra uma contradição evidente: a sua perspectiva se mantém interna ao idealismo do qual queria se libertar.

Aos seus olhos, Kierkegaard erra ao querer pôr o eu fora da história real, aferrando-se a uma visão teológica que, enquanto fundamento externo, tem pouco a dizer, não é eletiva.[17] Adorno se mantém cético também em relação à lógica das *esferas* que Kierkegaard toma para si, invocando a tripartição hegeliana, que corresponderia às três formas de existência: estética, ética e religiosa. Reiteradamente sustenta que a essas esferas falta um caráter lógico e que principalmente não vivem entre si uma relação dialética, uma forma de crescimento. Não se

---

16 KIERKEGAARD, S. *La malattia mortale*. Intr. de R. Cantoni; trad. it. de M. Corssen. Roma: Newton Compton, 1976, p. 35.

17 Esta, a tese central de Adorno: "Frente a Hegel, Kierkegaard fracassou na concretude histórica, a única verdadeira; ele a puxou para dentro de um Eu cego, fez com que ela se dissolvesse nas esferas vazias: mas com isso renunciou à exigência central de verdade da filosofia, aquela da interpretação da realidade, e conclamou em ajuda uma teologia da qual sua filosofia, porém, sugava todo o sangue". ADORNO, Th. W. *Kierkegaard, op. cit.*, p. 234.

compreende como a esfera religiosa deveria se pôr sistematicamente além do encontro entre a esfera estética e a ética. O conceito de *paradoxo* que Kierkegaard poderia colocar em jogo é visto por Adorno não apenas como não resolutivo, mas, de forma mais crítica, como instrumental a uma impostação teológica que privilegia a positividade sobre o trabalho da subtração cética, o salto sobre a fadiga dialética.

Esse primeiro livro de Adorno, assim como a maior parte dos textos e as conferências do começo dos anos 1930, *antecipa* as teses mais articuladas da maturidade intelectual, e sofre do *choque* existencial causado por Hitler subindo ao poder. É o próprio Adorno que se expressa nesses termos em uma carta a Ernst Bloch, em 1962, por ocasião da nova edição do livro sobre Kierkegaard.[18]

Na nota editorial do primeiro volume da *opera omnia* de Adorno, referindo-se ao conteúdo das *Conferências* (*Vorträge*) e das *Teses* (*Thesen*) incluídas, o curador Rolf Tiedemann fala expressamente de uma mudança decisiva no que se refere às influências sobre o estilo pessoal de Adorno. Esses textos consagrariam a passagem do modo acadêmico de fazer filosofia de Cornelius para a liberdade douta e visionária de Benjamin. Uma mudança estilística desse gênero é facilmente vista na conferência *Atualidade da filosofia*, dada como *Antrittsvorlesung* (que

18 Cf. vol. 1 das *Gesammelte Schriften*, de título *Philosophische Frühschriften*. Editado por R. Tiedemann. Frankfurt a. M.: Suhrkamp, 1973, p. 384.

marca tradicionalmente o início da livre-docência) em maio de 1931; aqui, os nomes de Marx, Benjamin e Lukács (junto ao modo surpreendentemente já crítico com que fala de Heidegger[19]) começam a ser levados extremamente a sério.

Mas, sobretudo na conferência de julho de 1932, que aconteceu na *Kantgesellschaft* (Sociedade kantiana) de Frankfurt, e nas *Teses sobre a linguagem do filósofo*, dessa mesma época, podemos encontrar alguns motivos que daqui por diante serão característicos de seu constructo argumentativo. No primeiro texto, de título *A ideia de história natural*, Adorno tenta superar a antítese banal que frequentemente é criada entre natureza e história. Referindo-se explicitamente à obra de Georg Lukács e Walter Benjamin, ele retoma o conceito idealístico de *segunda natureza* para compreender as dinâmicas que ainda unem o mundo afastado e distante daquele mais propriamente espiritual.

A primeira natureza para Lukács é aquela dos livros de ciências naturais, enfim estranha e irreconhecível ao homem moderno. A história natural não representa para ele uma síntese entre o método naturalístico e o histórico, mas uma verdadeira mudança de perspectiva. Trata-se de reler a evolução

---

19 Ou seja, antes da mudança política de Heidegger e do tão discutido papel por ele assumido como reitor da Universidade de Freiburg, e, portanto, a adesão ao partido nacional-socialista, Adorno critica nessa aula o papel *cego* e *obscuro* que Heidegger dá à transcendência do dever-ser frente à morte e o uso existencial do conceito de *ser jogado* (*Geworfenheit*) nas dinâmicas da vida.

da realidade natural segundo um aumento de significado para descobrir aquilo que para Benjamin será um horizonte *escatológico*, ou seja, uma redescoberta da profunda voz da natureza, de sua verdadeira alma. Benjamin de fato contrapõe, em sintonia com Lukács, à natureza inicial a interpretação de uma segunda natureza como fruto da caducidade (*Vergänglichkeit*) humana e da consequente necessidade de um horizonte recompositivo.

A dificuldade de reposicionar em uma relação dialética a primeira com a segunda natureza vem do fato de que a segunda, caduca, se apresenta sob o signo da aparência, da alegoria; é, em sua essência, descontínua. Mas o *status* aparente que a constitui tem, porém, uma importância histórica que o próprio Adorno lhe confere, a ponto de chegar a dizer que "na verdade a segunda natureza é a primeira",[20] restabelecendo, assim, tanto a primazia da dialética quanto a ideia de uma finalidade superior de natureza de caráter eletivo.

As *Teses sobre a linguagem do filósofo* se abrem com a consideração de que forma e conteúdo não podem se encontrar *dissociados* na linguagem da filosofia, esta não sendo composição de simples signos, mas sim exaltação do senso de pertencimento, estratificação de verdades históricas dentro daquelas palavras. O filósofo deve encontrar a palavra correta que reside na verdade daquele momento histórico: as palavras,

20 Cf. ADORNO, Th. W. "Die Idee der Naturgeschichte". *Gesammelte Schriften*, vol. 1, *op. cit.*, p. 365 (sempre nossas trad. italianas).

as expressões devem então ser adequadas à possível recepção dos leitores de um dado momento histórico, para serem compreendidas não sob o signo da vulgarização, mas do compartilhamento. Adorno fala aqui expressamente de *dignidade objetiva* e *estética* das palavras, reencontrando-se muito perto daquele que foi o programa sistemático do idealismo alemão.[21] A tese conclusiva de seu ensaio diz: "O significado crescente da crítica à linguagem da filosofia pode ser formulado como o início da convergência entre arte e conhecimento",[22] já abrindo, desse modo, a estrada para futuras pesquisas.

3. Dialética do esclarecimento

Dialética do esclarecimento, livro escrito a quatro mãos por Horkheimer e Adorno nos EUA, é vítima como poucos outros do peso que acontecimentos históricos e políticos podem ter sobre a construção de uma perspectiva filosófica. Em suas páginas reverberam a guerra, a emigração, o antissemitismo e a análise do autoritarismo. O texto é mais inspirado nas críticas ferozes de Nietzsche[23] do que nas reflexões

21 Cf. RUSCHI, R. "Il più antico programma sistematico dell´idealismo tedesco". *In*: HÖLDERLIN, F. *Scritti di estetica*. Milão: Mondadori, 1996, p. 162: "O filósofo deve portanto ter uma atitude estética parecida com aquela do poeta".

22 ADORNO, Th. W. "Thesen über die Sprache des Philosophen". *Gesammelte Schriften*, vol. 1, *op. cit.*, p. 370.

23 Cf. HORKHEIMER, M.; ADORNO, Th. W. *Dialettica dell´illuminismo*. Trad. it. de L. Vinci (pseudônimo de R. Solmi). Turim: Einaudi, 1966, p. 53: "Nietzsche compreendeu, como poucos após Hegel, a dialética do esclarecimento; e enunciou a relação contraditória que o liga ao domínio".

de "desagradáveis escritores da primeira burguesia" como Maquiavel, Hobbes e Mandeville.[24]

Se o título se tornou famoso, não foi o caso do subtítulo (que inclusive ficou ausente na edição italiana): *Philosophische Fragmente*, com referência explícita ao estilo de Adorno e ao seu difícil relacionamento com a tradição acadêmica. A composição do texto merece uma observação preliminar. No começo de 1942, quando Theodor e Gretel Adorno seguem os Horkheimer a Los Angeles, na Califórnia (depois de terem passado os primeiros anos de exílio em Nova Iorque), os dois principais representantes da Escola de Frankfurt dedicam muito tempo a escrever juntos os *Philosophische Fragmente*, título inicialmente escolhido por Horkheimer para um livro sobre a "filosofia dialética".[25]

Os encontros aconteciam à tarde – os dois eram vizinhos – e as discussões eram protocoladas e depois transcritas em máquina datilográfica por Gretel Adorno. Assim, e isso sempre foi dito, tomaram forma os manuscritos das várias partes do livro, como se fossem fruto de um equilibrado trabalho em comum. Na realidade, os cinco capítulos que compõem o livro apresentam evidentes diferenças de estilo, o que faz com que pensemos em uma divisão diversa dos vários capítulos.

O trabalho em comum, a quatro mãos, também segundo a confissão do próprio Adorno a Rolf

---

24 *Ibid.*, p. 99.

25 Cf. WIGGERSHAUS. R. *Die Frankfurter Schule*. Munique/Viena: DTV, 1986. Trad. it. *La scuola di Francoforte: Storia, sviluppo teoretico, significato politico*. Turim: Einaudi, 1992, p. 258.

Tiedemann, tange unicamente o primeiro capítulo, ou seja, o "Conceito de esclarecimento". O "Excurso" sobre Ulisses, o capítulo mais famoso do livro, e a parte sobre a indústria cultural seguramente podem ser atribuídos à caneta de Adorno. O "Excurso II", sobre Juliette e a moral, e os "Elementos do antissemitismo" devem ser considerados *prevalentemente* frutos da reflexão de Horkheimer. A parte aforística que fecha o livro, "Notas e esboços", seria atribuída a Horkheimer: Adorno fez apenas alguns adendos (marcados por uma evidente mudança de estilo) que, é preciso que se diga, não são comparáveis, em intensidade, aos tão mais famosos aforismas de *Minima moralia*.

Como se pode intuir, a *Dialética do esclarecimento* é marcada constitutivamente por uma falta de homogeneidade não apenas no estilo, mas, como afirma Müller-Doohm, também no léxico. Habermas, aliás, já havia lembrado,[26] valendo-se das recordações de Gretel Adorno, que os diversos capítulos têm uma paternidade bem identificável, e que as diferenças não são apenas de caráter estilístico, mas tangem o diferente modo com que os dois autores enxergavam os problemas políticos e filosóficos.

Em maio de 1944, o texto é impresso em quinhentos exemplares como publicação do Instituto para a Pesquisa Social, e publicado em 1947 pelo editor Querido, em exílio em Amsterdam, dessa vez – e definitivamente – com o título *Dialektik der*

26 Cf. HABERMAS, J. *Texte und Kontexte*. Frankfurt a. M: Suhrkamp, 1992, p. 101.

Aufklärung. A primeira reimpressão foi em italiano: em 1966 saiu a tradução italiana por Lionello Vinci, pela editora Einaudi. Nessa edição, Horkheimer fez alguns cortes, talvez em comum acordo com Adorno, que deram lugar a violentas polêmicas tanto na Itália quanto na Alemanha. O texto original foi depois republicado em alemão pela editora Fischer apenas em 1969, no auge da contestação juvenil, que se apropriou de algumas palavras de ordem contidas no livro, amplificando sua fama, não apenas na Alemanha.

A *Dialética do esclarecimento* se abre emblematicamente com uma questão existencial de tom marcadamente apodítico: "o que nos havíamos proposto era nada menos que compreender por que a humanidade, em vez de entrar em um estado verdadeiramente humano, afundou-se em uma nova espécie de barbárie".[27] O esclarecimento é então estudado a partir de uma perspectiva ética e não epistemológica, ou menor, a partir da angústia ética para compreender a crise do próprio sentido da ciência, da pretensa objetividade científica. E, sendo esta um anel de conjunção fundamental para compreender o esfacelamento da civilização, a crítica social deve necessariamente envolver o modo *instrumental* de se fazer ciência.

A aporia principal do esclarecimento é reconhecida em seu elemento autodestrutivo. "Não temos o mínimo de dúvida – e nisso reside nossa petição de princípio – de que a liberdade na sociedade

27 HORKHEIMER, M.; ADORNO, Th. W. *Dialettica dell'illuminismo*, *op. cit.*, p. 3.

é inseparável do pensamento esclarecedor. Mas acreditamos ter reconhecido com a mesma clareza que o próprio conceito desse pensamento, tanto quanto as formas históricas concretas, as instituições da sociedade às quais está ligado, contenha já o germe para a regressão que hoje acontece por toda parte".[28]

O esclarecimento libertou a humanidade da superstição e da aceitação passiva das crenças religiosas, concedendo à ciência uma nova legitimação racional, mas ao mesmo tempo não conseguiu combater os impulsos regressivos internos que impedem a plena realização de seu programa: a superação de um estado de menoridade atribuível unicamente ao limite humano. Aliás, o sujeito esclarecido, a nova burguesia,[29] no fim, é mais perigoso do que as velhas classes dominantes, por ser favorável à liquidação do sonho metafísico. E essa tentativa não é levada adiante, no sentido da secularização consciente, mas segundo a lógica perversa da substituição: a indústria cultural esclarecida torna-se em si algo de metafísico, em que se crê acriticamente. A suposta emancipação se transforma em regressão exatamente na convicção de poder decretar a inutilidade da *pietas* religiosa.[30]

---

28 *Ibid.*, p. 5.

29 Cf. *ibid.*, p. 92: "O sistema ao qual o esclarecimento visa é a forma de conhecimento que lida melhor com os fatos, que ajuda da forma mais eficaz a dominar a natureza. Seus princípios são o da autoconservação. A menoridade revela-se como a incapacidade de conservar a si mesmo. O burguês, nas figuras sucessivas do senhor de escravos, do livre empreendedor, do administrador, é o sujeito lógico do esclarecimento".

30 "A velhinha italiana" – diz o texto, expressamente – "que, em sua piedosa simplicidade, oferece uma vela a San Gennaro em

Em várias ocasiões, Adorno se levanta contra a sub-rogação da metafísica por substitutos ideológicos cuja finalidade é enfraquecer a resistência crítica dos cidadãos para torná-los simples massas de consumidores. A filosofia, de fato, representa para ele a tentativa de olhar os objetos com um olhar não envolvido, que se subtrai, ainda que apenas num *sopro*, ao círculo *mágico* da existência.[31] Algo ao mesmo tempo *simples* e *impossível*, porque o olhar incondicional inconscientemente cai na armadilha do mundo. Mas a tensão que se forma entre a possibilidade e o seu contrário, mesmo que não se torne um espaço afirmativo, é um momento contemplativo essencial no indivíduo que aspira à reconciliação. É daqui que partem os fragmentos sobre o esclarecimento, é esta a pré-compreensão do livro.

A intuição mais importante que Horkheimer e Adorno tiveram estudando o fenômeno social do esclarecimento foi a de compreendê-lo como dotado de uma circularidade própria. A análise temporal com que geralmente abrimos e fechamos uma época histórica, dando-lhe um nome, não pode valer para a *Aufklärung,* porque o século das *luzes* – dito aforisticamente – não coloca nunca um ponto final naquele das *trevas*. O *status* de minoridade do qual o homem dos anos 1700 quer se emancipar, para

---

favor do neto na guerra, talvez esteja mais próxima da verdade do que aqueles que, sem sombra de idolatria, abençoam as armas contra as quais San Gennaro nada pode fazer". *Ibid.*, p. 191.

31 Cf. o último aforisma de *Minima moralia*, introdução de L. Ceppa, trad. it. de R. Solmi. Turim: Einaudi, 1979, p. 304.

usar a terminologia kantiana de Horkheimer, nunca nos abandona. Aliás, o homem das luzes, como o seu predecessor, e talvez até mais que ele, porque guiado pela razão científica, é capaz de atos eminentemente bárbaros. Para usar as palavras de Benjamin, "não há um documento de cultura que não seja ao mesmo tempo um documento de barbárie".[32] Por isso, o livro termina de forma emblemática com a tematização de antissemitismo, articulado por Horkheimer, no excurso sobre a inversão dos valores em De Sade, ao ódio visceral contra o gênero feminino.[33]

O esclarecimento é lido de forma circular: "o mito já é esclarecimento, e o esclarecimento se reverte em mitologia".[34] Isso significa que apenas aparentemente o século XVIII pode ser definido como o início de uma nova época que deixou para trás de forma definitiva a imaginação e a narrativa mitológica. O mito, também o religioso, já tinha uma função racional, tinha o poder de explicar o perímetro das relações sociais, as grandes hipóteses cosmológicas e o sentido da existência humana. E o esclarecimento, segundo Adorno e Horkheimer, é, entretanto, uma visão sectária, que tem dificuldade para impor um modelo social equitativo e justo. "Enquanto nos abstrairmos da questão de *quem*

---

32 Cf. BENJAMIN, W. *L'opera d'arte nell'epoca della sua riproducibilità técnica*. Turim: Einaudi, 1972, p. 252.

33 Cf. *Dialética do esclarecimento, op. cit.*, p. 122: "A declaração de ódio contra a mulher, enquanto criatura espiritualmente e fisicamente mais fraca, marcada na testa pelo estigma da dominação, é a mesma do antissemitismo".

34 *Ibid.*, p. 8.

a usa, a razão terá afinidade tanto com a violência quanto com a mediação, e segundo a situação do indivíduo e dos grupos, ela faz com que a paz ou a guerra, a tolerância ou a repressão, apareçam como 'o melhor'".[35]

A ciência, diz Horkeimer com uma expressão que entrará para a história, "não tem consciência alguma de si";[36] é um simples instrumento, não é *per se* aparentada com a verdade. E o binômio verdade--ciência era a espinha dorsal do esclarecimento, a embreagem para neutralizar o saber das crenças populares e das invenções literárias.

Essa ideia da constatação mitológica da racionalidade e da consistência racional da mitologia encontra no conceito hegeliano de *negação determinada* a sua gênese filosófica. É na estrutura lógica da negação que os nossos autores reconhecem a possibilidade de abalar a estrutura rígida e *pretensiosa* da não contraditoriedade histórica. Desse modo, encontram um elemento forte capaz de distinguir o esclarecimento da possível *corrupção positivista*. Entretanto, "ele acabou por elevar ao absoluto o resultado sabido do processo total da negação: a totalidade sistemática e histórica, infringindo a proibição e recaindo, por sua vez, na mitologia".[37]

A proibição de que se fala é a dos judeus, de se pronunciar o nome de Deus, porque isso remeteria

35 *Ibid.*, p. 96.
36 *Ibid.*, p. 94.
37 *Ibid.*, p. 33.

inevitavelmente ao seu ser, fazendo com que o divino se tornasse um motivo de especulação. Hegel infringiu a proibição por pretender dar um sentido ao que em si é privado de sentido, transfigurando, em seu desenho filosófico, a negatividade em redenção, propondo uma *falsa resistência ao engano*.[38] Ou seja, Hegel, sem dúvida, teria estudado a dialética do esclarecimento, mas não teria percebido o dado de fatalidade[39] a que ela conduz: promover a libertação do indivíduo e revoltar-se em uma forma de domínio; promover a emancipação e reencontrar depois nas mãos os restos da regressão.

Na realidade, Hegel tinha compreendido bem o caráter ambíguo do esclarecimento, e tinha compreendido também que sua característica formal, a pobreza de conteúdo, teria consequências nefastas para a ética religiosa. No prefácio da terceira edição da *Enciclopédia*, o texto mais autoral publicado em vida, Hegel compara o esvaziamento da piedade religiosa por parte do esclarecimento ao *shibbolet*. O *shibbolet* era a palavra de reconhecimento (em hebraico, significa *espiga*), de difícil pronúncia para os efraimitas, e por isso era uma armadilha – como narrado no livro bíblico dos *Juízes* 12: 5-6 – e, em caso de pronúncia errada, podia até custar a vida. O *shibbolet*

38 Cf. esta difícil passagem: *ibid*., p. 32-33.

39 S. Petrucciani também interpreta a tese de Horkheimer e Adorno no contexto de uma *dialética fatal*, "porque a emancipação dos homens [...] se cumpre através de um processo duplo, que por um lado é libertação e conquista de autonomia, e por outro é indissoluvelmente ligado a domínio e repressão". PETRUCCIANI, S. *Introduzione a Adorno*. Roma/Bari: Laterza, p. 53.

corresponde à vã pretensão de poder entrar no reino dos céus pronunciando uma simples palavra de ordem. Assim diz o texto de Hegel: "o pensamento esclarecedor, com seu caráter formal privado de conteúdo, esvaziou a religião de qualquer conteúdo próprio, assim como fez aquela piedade, reduzindo a fé do *shibbolet* de 'Senhor, Senhor'".[40]

A mudança crítica e o sentido de liberdade que o movimento esclarecedor impõe têm em si algo de positivo, mas o progresso histórico de um povo ou de uma coletividade não é continuativo e homogêneo. Segundo Horkheimer e Adorno, pode-se falar de uma estação esclarecedora a partir da reflexão interna a uma cultura precisa, entendida como uma reproposição periódica, cíclica, subjacente a uma dialética particular. Esta também é caracterizada como *totalitária*,[41] porque, além de não conseguir fundamentar normas afirmativas e propositivas, tende a exaltar a subjetividade como horizonte único de significado.

A alegoria da dialética do esclarecimento é representada pelo mito de Ulisses, em que Adorno reencontra o protótipo do indivíduo burguês. "O astuto peregrino já é o *homo oeconomicus*, ao qual se assemelham todos os homens dotados de razão."[42] A alternativa que ele se põe é entre o enganar e o perecer,

---

40 Cf. HEEL, G. W. F. "La scienza della logica". *In*: VERRA, V. *Enciclopedia delle scienze filosofiche in compendio*. Parte 1. Turim: Einaudi, 1981, p. 113.

41 Cf. ainda na *Dialettica dell'illuminismo*, p. 33: "Porque o esclarecimento é mais totalitário do que qualquer outro sistema".

42 *Ibid.*, p. 70.

também ao custo de renegar a própria identidade. O exemplo é aquele conhecido, o da tentação invencível do canto das sereias que Ulisses e seus companheiros devem enfrentar. Os estratagemas usados por Ulisses para passar incólume pelo fascínio mortal do canto das sereias caracterizariam ainda a atualidade dos papéis sociais, instituindo assim uma ponte hermenêutica entre o mito e a organização da nossa sociedade da vida racional. O primeiro desses estratagemas se refere aos companheiros de viagem, os remadores; Ulisses tapa seus ouvidos com cera e ordena que remem, perseverantes, com toda a força. Os remadores, assim como os trabalhadores hoje, não devem dar ouvidos ao apelo do irrevogável, mas sublimar o impulso que os induziria a ouvir, transformando-o, em um último esforço, em uma obstinação raivosa.

O segundo estratagema, por sua vez, se refere à figura do comandante, Ulisses, "o senhor de terras". Ele pode ouvir o canto inebriante, mas não se deixa envolver completamente por estar preso ao mastro do navio, e quanto mais a tentação aumenta, mais forte ele se prende ao mastro. Não pode corromper os companheiros: estes conhecem apenas o perigo do canto das sereias marinhas, não sabem nada sobre a beleza delas (também esta uma metáfora, para Adorno, da separação entre prazer artístico e trabalho manual). Os companheiros "o deixam preso ao mastro, para salvá-lo e para salvarem-se com ele. Eles reproduzem, com a própria vida, a vida do opressor, que não consegue mais fugir de seu papel social".[43] A dialética do esclarecimento parece, assim, inevitável, e não se sai dela: abandonando-se ao prazer, seria não apenas o seu fim, mas também o fim de seus subordinados.

O único gesto de conforto pode vir da experiência estética da própria narração. No momento em que é contada essa aventura mitológica (já esclarecedora), liberta-se da malha estreita conceitual, tão útil ao trabalho interpretativo, para voltar a ser um produto de conto de fadas literário: "apenas como romance a epopeia se torna conto de fadas".[44]

Talvez seja útil relembrar que, para Habermas, o entrelaçamento de mito e esclarecimento, assim como desenvolvido por Horkheimer e Adorno, não parece apto a colher o sentido verdadeiro que move a modernidade. A acusação de *unilateralidade* que ele faz à *Dialética do esclarecimento* se apoia sobre o fato incontestável de que as temáticas da justiça social, da democracia e dos direitos humanos são completamente ignoradas: "os *velhos* de Frankfurt nunca levaram muito a sério a democracia burguesa".[45] De fato,

---

43 *Ibid.*, p. 43.

44 *Ibid.*, p. 89.

45 HABERMANS, J. *Dialettica della razionalizzazione*. Milão: Unicopli, 1983, p. 227. Também R. Bodei, na introdução de *Il gergo dell'autenticità*, trad. it. de P. Lauro. Turim: Einaudi, 1988, p. XLIV, nota 39, afirma: "Que o 'mundo administrado' seja, enfim, muito menos opressivo, em alguns países, do que Adorno e Horkheimer pensavam e que haja diferenças entre os regimes políticos é um ponto que interessa pouco a Adorno, enquanto está no centro das reflexões da segunda geração de estudiosos da Escola de Frankfurt, em particular de Jürgen Habermas, cuja obra, sob este perfil, é expressão do esforço de legitimar uma democracia pluralista baseada no consenso racional dos indivíduos".

é inegável que o interesse principal de toda a Escola de Frankfurt nesses anos é absorto pela denúncia e pela reelaboração do chocante extermínio do povo ao qual quase todos eles pertenciam. Tanta energia gasta para reler, com olhos novos e desencantados, a cultura alemã dentro da qual se identificavam, até mesmo a mais alta e nobre, a ponto de colocar em dúvida a própria legitimidade de ainda usar a sua língua materna alemã, já eternamente contaminada pela língua dos carrascos. O suicídio de Benjamin, barrado nos Pirineus espanhóis a um passo da salvação, os tantos lutos familiares, o Shoá em sua dimensão apocalíptica, tudo isso constituiu, por anos, sobretudo para Horkheimer e Adorno, um ponto sem volta em direção à possibilidade de pensar construtivamente o futuro não apenas da sociedade alemã, mas da democracia ocidental *tout court*.

Os sucessivos estudos sobre a personalidade autoritária, que se relacionavam tanto com a estrutura psicopatológica dos líderes do terror quanto com a força avassaladora da ritualística do poder, da arquitetura monumental, da aderência fácil das mensagens populistas e racistas, tinham demonstrado que essa tipologia de figuras – contradizendo o que Hegel tinha pensado e esperado – se apresentava novamente com sucesso na cena política. A filosofia alemã – Heidegger sobretudo, mas também um certo titanismo neo-hegeliano – não podia exibir um certificado de inocência em relação a tudo o que os nazistas tinham *cientificamente* (ou seja, com a ajuda da ciência) buscado. O mesmo vale para o cristianismo: o antissemitismo tem uma origem também religiosa, tanto que Horkheimer pode afirmar: "os seguidores da religião do pai são odiados por aquela do filho por serem aqueles que sabem mais".[46] Nem mesmo os pensadores cristãos mais paradoxais e rebeldes, de Pascal a Lessing, de Kierkegaard a Barth, estão imunes a essa tentação: eles de fato não só foram os mais radicais, mas também os mais *indulgentes*.[47]

A verdadeira *reviravolta* na qual o esclarecimento se recompõe em sua evolução é, segundo o prognóstico de Horkeimer e Adorno, aquele que leva o nome de positivismo, ou, na realidade, a identidade de *intelligencija* e *hostilidade* radical *em direção* às razões *do espírito*.[48] E aqui o círculo se fecha. Adorno e Horkeimer estão convencidos de que o herdeiro legítimo da estação esclarecedora seja o *positivismo*, ou seja, uma forma de filosofia que, em nome da consequência lógica, pretende desvirtuar as pressões utópicas e dialéticas do filão da história da filosofia. Isso não quer dizer que o esclarecimento se destine a se precipitar nas águas lamacentas da razão instrumental. Os anticorpos que ele possui poderiam ainda corrigir sua deriva totalitária, tanto que Horkheimer chega a concluir o livro inesperadamente, ainda que de forma condicional,

46 Cf. *Dialettica dell'illuminismo, op. cit.*, p. 191.

47 *Ibid.*, e cf. também *ibid.*, p. 189: "O progresso para além do judaísmo tem como preço a afirmação de que um homem, Jesus, era Deus. É justamente o aspecto reflexivo do cristianismo, a espiritualização da magia, o responsável pelo mal".

48 *Ibid.*, p. X.

com esta tese: "O próprio esclarecimento, tornando--se dono de si e força material, poderia despedaçar os limites do esclarecimento".[49] Lança, portanto, um sinal de confiança em direção ao trabalho da razão e à especulação filosófica.

4. *Minima moralia* e ensaios de crítica literária

A definição que Habermas deu de Adorno, de ser então um "escritor rodeado de funcionários estatais" ("*der Scriftsteller unter Beamten*"),[50] justifica-se nitidamente no texto que é por muitos definido como sua obra prima literária e filosófica: o conjunto de aforismos com o feliz título de *Minima moralia*. Trata-se provavelmente de um de seus textos mais famosos, tanto por ser de fácil leitura quanto porque em seu caráter conciso os aforismos são imediatamente compartilháveis.[51]

As *Meditações da vida danificada*, este o subtítulo, não têm um âmbito preciso de interesse, tanto que Leonardo Ceppa, na introdução à edição italiana de 1979, lamenta que "não há tese que não seja mudada depois de dez páginas, nem afirmação da qual não se possa encontrar o contrário exato. A crítica

49 *Ibid.*, p. 221.

50 Cf. WIGGERSHAUS, R. *Theodor W. Adorno, op. cit.*, p. 28.

51 Cf. sobre isso o volume publicado pela Suhrkamp em ocasião dos cinquenta anos de sua aparição: BERNARD. A.; RAULFF, U. *Theodor W. Adorno "Minima Moralia" neu gelesen*. Frankfurt a. M: Suhrkamp, 2003.

ao hedonismo feita em nome do prazer (aforisma 54) é acompanhada pela crítica ao ascetismo burguês (37). A crítica à bondade em nome do bem (58) contrapõe-se à crítica ao egoísmo e à avareza (15). Ao elogio à dureza (110) faz eco a crítica do heroísmo nietzschiano (60)".[52] Concluindo: apenas a categoria da ironia e o senso de inquietude transmitido por essas páginas constituiriam para Adorno o modo em que a própria verdade pode se mobilizar segundo uma modalidade quase contraditória de pôr as teses em oposição entre si, deixando que a possível solução seja percebida, mas não dita.

Aqui, Adorno coloca em prática uma *metodologia* que, partindo do procedimento dialético da *escola* de Hegel, chega a se opor a ele, privilegiando exatamente o momento negativo, ou seja, aquela negatividade que pode nos fazer redescobrir tanto uma nova forma de subjetividade quanto a falsidade das categorias históricas usadas por Hegel e hoje reveladas funcionais ao exaurimento de qualquer pensamento crítico e subversivo.

O texto se divide em três partes, com escansão cronológica. A primeira é de 1944, a segunda foi escrita em 1945 e a terceira tem a data de 1946-47. Foi traduzido ao italiano em 1954, caso único na Europa, mas tratou-se de uma tradução parcial, acompanhada de uma ampla introdução do tradutor, Renato Solmi,

52 ADORNO, Th. W. *Minima moralia: Meditazioni della vita offesa*. Intr. de L. Ceppa e trad. it. de R. Solmi. Turim: Einaudi, 1979, p. XXVI-XXVII.

que levantou muitas polêmicas por causa dos critérios adotados ao selecionar os vários aforismos. Apenas em 1979 saía na Itália, ainda pela Einaudi, a nova edição integral, traduzida também por Solmi e apoiada por uma importante introdução de Leonardo Ceppa, que se concluía com a seguinte consideração: "sociedade e jogo, teologia e *clowneria*, nostalgia burguesa e comprometimento político parecem se misturar de forma bastante feliz neste livro verdadeiramente único na história filosófica contemporânea".[53]

A busca por um novo modelo de subjetividade talvez seja o tema predominante da primeira parte do livro. Adorno parte da crítica ao conservadorismo: "O burguês, vice-versa, é tolerante. O seu amor pela gente como é nasce do ódio pelo homem como deveria ser".[54] Mas é também crítico contra o entusiasmo fácil do homem de esquerda: "Quantas vezes se pôde constatar que muitos daqueles que, no fervor e na despreocupação da idade juvenil, se destacaram nas filas dos grupos radicais e da esquerda passavam para o outro lado assim que percebiam a força da tradição".[55]

Pode-se combater a ideologia conservadora apenas se a conhecermos a partir do interior, se a experimentamos em nossa própria pele; daqui o ceticismo de Adorno em relação à possibilidade de os proletários conseguirem se apresentar, em nome de sua difícil condição social, como portadores de uma nova

53 *Ibid.*, p. LI.
54 *Ibid.*, p. 16.
55 *Ibid.*, p. 51.

ideia de subjetividade. "O fato de que os *snobs* revelem maior sensibilidade do que os proletários para os movimentos artísticos de vanguarda lança luz também sobre a política."[56] Uma luz que coloca na sombra quem se apoia na simplicidade e na *fraternidade*,[57] quem pensa que a reconstrução da subjetividade possa se apoiar em alguma instância heterônoma sem tocar o cerne da consciência individual. Essa tentativa fracassa, "não há vida verdadeira na falsa".[58]

Mesmo os gestos positivos, como a prática do presentear, que deveria fugir à lógica do mercado, é incluída no plano da esquálida utilidade e do benefício pessoal. "A verdadeira felicidade do presentear está inteiramente na imaginação da felicidade do destinatário: e isto significa escolher, empregar tempo, sair dos próprios caminhos, pensar o outro como um sujeito: o contrário do esquecimento. Quase ninguém é mais capaz de nada disso. No melhor dos casos, alguém presenteia aquilo de que gostaria para si mesmo, mas de qualidade ligeiramente inferior".[59]

Liquidadas as utopias nascidas das grandes revoluções históricas e do núcleo mais verdadeiro e contestador das religiões, não resta ao homem moderno

---

56 *Ibid.*

57 Assim começa o aforisma n. 31: "Até mesmo a conduta mais nobre do socialismo, a solidariedade, está em crise. Ela queria realizar o discurso da fraternidade, tirá-la da universalidade, em que não era nada mais que uma ideologia, e reservá-la ao particular, ao partido, como o único capaz de representar a universalidade no mundo de antagonismos".

58 *Ibid.*, p. 35.

59 *Ibid.*, p. 39.

nada além do que se contentar com a resolução das questões práticas da existência, do que se apoiar na pretensa união de teoria e prática que na realidade favorece a segunda em detrimento da primeira.

Um outro dos temas mais propostos, sobretudo na segunda parte, é o da linguagem e, de modo particular, o dos escritores e críticos. Adorno sempre se levantou contra a tendência a privilegiar as linguagens simples e imediatamente compreensíveis a todos, contra a língua *proletária*, "porque ditada pela fome";[60] contrário também à contraposição *reacionária* entre dialeto e língua escrita, e contra a tendência a contornar o *esforço do conceito*. "O escritor passará pela seguinte experiência: se expressar-se com precisão, com escrúpulos, em termos objetivamente adequados, aquilo que escreve dificilmente será compreensível, enquanto que, se recair em uma formulação cansativa e irresponsável, será recompensado com uma certa compreensão".[61] A expressão do escritor deve ser, ao mesmo tempo, bela e adequada. Os textos elaborados como se convém, diz Adorno, são como *teias de aranha*: "densos, concêntricos, transparentes, sólidos e bem conectados. Atraem para si tudo o que há em torno. Metáforas que os atravessam por acaso se transformam uma presa nutritiva".[62]

O intelectual, porém – é dito no aforisma *Aos pós-socráticos* – jamais deve ter a impressão, ao argumentar

60 *Ibid.*, p. 113.
61 *Ibid.*, p. 112.
62 *Ibid.*, p. 93.

como nas discussões filosóficas, de querer ter razão. Os filósofos – e aqui Adorno fala com muita convicção pessoal – quando entram em uma discussão "deveriam dar a entender que nunca têm razão, mas, ao mesmo tempo, induzir o adversário à inverdade deste".[63] A própria suspensão da verdade, socraticamente, seria o indicativo de um bom diálogo, sinal de inteligência.

O verdadeiro intelectual não conhece a alternativa de trabalho e lazer, e isso o diferencia do modo de vida burguês. E não importa como aja, conclui Adorno, o intelectual parece destinado a errar ao vestir seu papel social: "ele experimenta radicalmente, como uma questão de vida, a humilhante alternativa frente à qual o capitalismo tardio coloca secretamente todos os seus súditos: tornar-se um adulto como todos os outros ou continuar sendo uma criança".[64]

Forma-se, assim, uma outra temática forte do livro que reverbera sobretudo nas últimas páginas, a da *melancolia*, figura ambígua ligada à esperança de uma proteção ancestral da finitude. Como se aquilo que as religiões prometem pudesse ser verificado e envolver aquilo que, para a filosofia, é a verdade. Trata-se de uma ilusão que até mesmo a mente gostaria que fosse real.

Adorno refuta a leitura psicológica freudiana ligada à sublimação dos instintos para explicar o ânimo humano, porque este beneficiaria o *ceticismo*

---

63 *Ibid.*, p. 73-74.
64 *Ibid.*, p. 155.

burguês. "Ulterior inimigo da hipocrisia, ele [Freud] está a meio caminho entre a vontade de uma aberta emancipação dos oprimidos e a apologia da opressão descarada."[65] E não será a psicanálise quem nos explicará exaustivamente o caráter das frustrações humanas. Como uma sentença que marcou época, Adorno diz: "Na psicanálise nada é tão verdadeiro quanto os seus exageros".[66]

A melancolia da qual fala Adorno é de caráter existencial, experimentada na clássica *nostalgie du dimanche*, que não acontece por nos lamentarmos pela semana de trabalho, mas por causa do desejo de nos emanciparmos dessa necessidade: "o domingo nos deixa insatisfeitos não por ser um dia de festa, mas porque a sua premissa se apresenta imediatamente incompleta; todo domingo é – como o domingo inglês – demasiadamente pouco".[67]

O último aforisma do *Minima moralia* apresenta-se como um verdadeiro manifesto do messianismo melancólico de Adorno. Intitula-se exatamente *Para terminar*, e quase não precisaria ser comentado porque é escrito, como todo o livro, em um estado de *contemplação*. Frente ao desespero do mundo, diz-se, a filosofia é a tentativa de considerar todas as coisas pelo lado da *redenção*, vista como verdadeira e irrenunciável fonte de conhecimento. "Trata-se de estabelecer perspectivas em que o mundo se transponha, aliene-se,

---

65 *Ibid.*, p. 62.
66 *Ibid.*, p. 47.
67 *Ibid.*, p. 207.

revele as suas fraturas e as suas fendas, deformado e necessitado à luz messiânica." A tarefa do pensamento é conseguir obter exatamente essas *perspectivas* entrando simplesmente em contato com os objetos. É a coisa *mais simples* de todas, porque a negatividade não tem a última palavra, mas é também *o absolutamente impossível*, porque pressupõe um ponto de vista arquimediano não sujeito ao círculo da existência. "Até mesmo a própria impossibilidade deve por ele [o pensamento] ser compreendida por amor da possibilidade. Mas em face da exigência que assim a ele se impõe, a própria questão da realidade ou da irrealidade da redenção se torna quase indiferente."[68]

O tema da possibilidade impossível, de colocar a reflexão existencial entre o que não é mais casual ou acidental e o que não pode ainda dizer-se necessário, e, portanto, definitivamente compreendido, continuará sendo a ideia guia e básica de muitos dos textos importantes da coleção *Prismas* e nas *Notas de literatura*.

As "Anotações sobre Kafka", um dos ensaios mais importantes de *Prismas*, composto durante uma década, já querem no próprio título evocar que frente a um autor tão complexo as pretensões de sistematicidade devem ser deixadas de lado. Com a forma resoluta que o distingue, Adorno abre o ensaio com esta consideração: "Pouco do que foi escrito sobre ele conta; a maior parte é existencialismo".[69]

---

68 *Ibid.*, p. 304.

69 ADORNO, Th. W. "Appunti su Kafka". *Prismi: Saggi sulla critica della cultura*. Trad. it. de E. Filippini. Turim: Einaudi, 1972, p. 249.

Assim, dá a entender que, com exceção do ensaio de Benjamin (1934) e de algumas considerações de Klaus Mann e Max Brod, o amigo e biógrafo de Kafka, as intervenções críticas devem ser consideradas insuficientes, quando não tendenciosas.

Adorno vê o caráter essencial da poética kafkiana na simples constatação de que o homem moderno perdeu o caminho que conduz à *salvação*. Esse caminho parece já bloqueado, a *esperança* não tem lugar no *nosso* tempo.[70] Mas o interesse de Kafka não está principalmente na crítica destrutiva contra a essência do teológico, mas sim no *abalar* das nossas convicções religiosas através da obviedade do mal. Apenas mergulhando no profundo da angústia humana é possível resistir à banalidade do cotidiano, alcançar um momentâneo estado de quietude, sem, porém, saber se o momento sucessivo sancionará nossa condenação ou uma absolvição qualquer.

O motivo filosófico e o teológico da análise proposta por Adorno encontra no tema da linguagem uma possível fusão de horizontes. Para Kafka, a escrita representa um tipo de refúgio. Em seu ambiente,

70 No fragmento de uma entrevista entre Brod e Kafka, encontramos o sentido desta posição: "Eu me lembro de uma conversa com Kafka – diz Brod – que partia da Europa atual e da decadência da humanidade. 'Nós somos', ele disse, 'pensamentos niilistas, pensamentos de suicídio, que afloram na mente de Deus'. Isto logo me fez pensar na visão do mundo da gnose: Deus como um demiurgo malvado, o mundo, o seu pecado original. 'Oh, não', ele disse, 'o nosso mundo é apenas um mau humor de Deus, um dia ruim'. 'Além desta manifestação, deste mundo que conhecemos, haveria, portanto, esperança'. Ele respondeu: 'Oh, certo, muita esperança, uma esperança infinita, mas não para nós'". BROD, M. M. *Franz Kafka*. Trad. it. de E. Pocar. Milão: Mondadori, 1956, p. 89.

acontece uma luta com o *demônio* da escrita, que é comparável ao que acontecia no gabinete de Karl Kraus. A necessidade de não sucumbir frente a uma época que entorpeceu o sentido das coisas e das palavras vai de encontro à certeza de não conseguir domar completamente o motivo que determinou sua imparável decadência. Nesse caráter duplo, Adorno vê a dicotomia entre a dúvida de ter perdido a aposta com a escrita e a promessa de imortalidade dada pela palavra escrita. Essa aposta é tematicamente inspirada mais pelo mundo das coisas, dos animais, dos esconderijos escuros da infância sem culpa do que pelo mundo adulto. Para este último, a esperança talvez esteja ligada à possibilidade de traduzir em linguagem poética as situações extremas, de tematizar o paradoxo do inconciliável, na consciência, porém, de que essa linguagem também nunca é pura, está sempre em débito perante sua origem.

Em sintonia com a sua concepção da não-identidade entre a lógica do mundo e aquela da absolutização da ideia, entre o sujeito e o objeto, Adorno vê em Kafka uma possível solução do dilema existencial. Kafka experimentaria o antídoto contra a negação de uma vida plenamente humana exatamente ao tornar *inútil* o sentido da existência. Inutilidade esta que deve ser compreendida como a vanicidade de tudo o que é inessencial. A autoridade de Kafka, defende Adorno, provém unicamente da força de seus textos, aos quais precisamos nos manter fiéis. Errada é a tentativa de deduzir da escrita interpretações filosóficas extratextuais que desnaturariam o sentido delicadamente efêmero de sua poética e de sua metafísica, banalizando-as.

A *resistência passiva* de Kafka assume para Adorno tanto um caráter contestador quanto uma valência filosófica precisa. É o ser criatural que manifesta o engano em que, em contrapartida, debate-se a pura naturalidade; enquanto a esperança de imortalidade à qual sua poética alude está ligada à possibilidade de libertar-se, através da escrita, das restrições da consciência pessoal. E na escrita do nome próprio, nas potencialidades inscritas naquelas palavras que nos acompanham desde o nascimento sem terem sido escolhidas por nós, está espelhado o sentido de termos sido esperados na Terra. "Apenas o nome, que se revela através da morte natural, e não a alma vivente, é a garantia da parte imortal."[71]

Ao poeta, crítico e narrador Paul Valéry são dedicadas páginas importantes tanto em *Prismas* quanto em *Notas de literatura*. No ensaio sobre a usabilidade da arte concentrado sobre o modo em que Valéry e Proust julgam a instituição museal: um usufruto para o segundo; um lugar de distúrbio, mais mausoléu que museu para o primeiro. Adorno expressa sua proximidade às duas posições, vendo, na capacidade diversa de aproveitar as obras, inseridas ou completamente destacadas da arquitetura original – para Valéry, a mãe de todas as artes – uma possível solução.[72]

71 ADORNO, Th. W. *Appunti su Kafka, op. cit.*, p. 282.
72 Cf. *Id.* "Valéry, Proust e il museo". *Prismi, op. cit.*

São importantes também os ensaios que Adorno dedica à figura do amigo Walter Benjamin, e não cansa de ressaltar a originalidade que caracteriza sua pesquisa e o fato de não ter respeitado os limites "entre literato e filósofo",[73] podendo assim aumentar e desenvolver em completa autonomia uma linguagem e um estilo completamente particulares. No tema da *reconciliação do mito*, Adorno encontra a chave de leitura mais apta para compreender a poética de Benjamin; isto o distanciaria das soluções seguras e necessárias, também no campo estético, aproximando-o do mundo das hipóteses possíveis abertas a uma visão mais utópica da ação política e social. "No paradoxo da possibilidade do impossível, uma última vez encontraram-se nele o misticismo e o esclarecimento",[74] a ideia de que a esperança de uma reconciliação entre o tempo e a eternidade é dada apenas a quem, de forma paradoxal, completamente a perdeu.

Enfim, devemos lembrar do ensaio dedicado à poética de Hölderlin, determinante, no fim, para compreender as estratégias linguísticas seguidas por Adorno e o modo prejudicial de ler as obras fundamentais da própria história da filosofia. A crítica a esse ensaio sobre a estética de Hölderlin foi, desde o início, acompanhada de uma série de incompreensões alimentadas mais por preconceito do que pelo próprio texto. Enquanto isso, na tribuna da Akademie

73 ADORNO, Th. W. "Profilo di Walter Benjamin". *Prismi, op. cit.*, p. 237.
74 *Ibid.*, p. 247.

der Künste de Berlim, onde em 1963 aconteceu a conferência da *Hölderlin-Gesellschaft* e Adorno deveria ler as páginas datilografadas de *Parataxis*, os estudiosos que mais se reconheciam nas posições da Heidegger, a chamada *Heidegger-Fraktion*, levantaram-se e abandonaram a sala. A acusação: ter instrumentalizado o viés autoral da conferência para atacar a leitura heideggeriana da poética de Hölderlin.

O texto de Adorno, porém, não apenas tece teses significativas sobre o sentido dos fragmentos filosóficos de Hölderlin, mas, sobretudo, desenvolve uma verdadeira teoria linguística de grande atualidade. A estrutura paratática de que se fala é caracterizada pelo fato de que as proposições de um período que são colocadas no mesmo plano são sintaticamente equivalentes. Diferentemente da bem mais usada construção hipotética que respeita a separação entre principal e secundária, a forma paratática não aceita a ordem hierárquica constituída pela proposição principal. Dessa forma, a ordem do discurso é movimentada e desmontada em seu caráter restrito e previsibilidade gramatical. Em uma carta a Marcus datada de 24 de janeiro de 1969, Adorno afirma: "Evidentemente, devido à crítica da filosofia primeira, não sei mais escrever de fato na forma tradicional do antes-depois, mas em um certo sentido apenas em forma paratática; com efeito desde dentro das micro-estruturas da linguagem".[75]

75 Relatado em MÜLLER-DOOHM, S. *Adorno: Eine Biographie*, *op. cit.*, p. 715.

Adorno está convencido de que o reconhecimento dessa estrutura sintática, que parece já incorporar uma valência sociológica, pode explicar o sentido inovador da linguagem do poeta. O próprio Hölderlin reflete sobre a ordem gramatical preestabelecida e a sua interferência na poesia: "Fazem-se inversões de palavras no período. Mas então a inversão dos mesmos períodos deve ser mais extensa e eficaz. A disposição lógica dos períodos, em que, ao motivo de fundo (o período principal), segue-se o tornar-se, ao tornar-se segue-se o fim, ao fim segue-se o escopo, e as preposições subordinadas vêm sempre e apenas após as principais, às quais, antes de tudo, referem-se, é apenas raramente útil ao poeta".[76]

O paratático é considerado por Adorno um *antiprincípio*, coerente na forma, mas em seu conteúdo capaz de se revoltar contra si mesmo para não se permitir fixar no *já dito* ou no predeterminado. Como exemplo, Adorno cita a música de Beethoven: a partitura de suas obras pode ser tomada como modelo da estratégia poética de Hölderlin, exatamente porque "a grande música é síntese sem conceito".[77]

A forma paratática foge à lógica consequencial, combate o previsível, está contra qualquer síntese fácil ou processo sintético fruto do tornar-se; apresenta-se, enfim, como antiprincípio. "É por isto

76 HÖLDERLIN, F. *Scritti di estetica*. Editado por R. Ruschi. Milão: Mondadori, 1996, p. 62.

77 ADORNO, Th. W. "Parataxis: Sull'ultima lirica di Hölderlin". *Note per la letteratura* 1961-68. Trad. it. de E. De Angelis. Turim: Einaudi, 1979, p. 152-53.

que a tradição lógica da síntese é apenas gentilmente suspensa por Hölderlin."[78]

Adorno não compartilha da opinião dominante segundo a qual Hölderlin, contrapondo-se à conquista sintética que foi a marca do idealismo, teria a intenção de renunciar a este. A renúncia ao idealismo deveria comportar também a renúncia ao mito; Hölderlin, porém, não só não renuncia, mas, ao contrário, tende a desenvolvê-lo sob o signo do *sacrifício*. Adorno constata: "se Hegel secularizou o cristianismo para que ele se tornasse uma ideia, Hölderlin o retransportou à religião mítica do sacrifício".[79] O pensamento de Hölderlin jaz sob o signo da reviravolta dialética em relação à perspectiva sistemática que Hegel estava com tanto esforço construindo. O seu idealismo – diz Adorno – propõe-se como algo condescendente apenas em relação a um momento sintético *não* conceitual, apenas lá onde se vislumbra tragicamente, e, portanto, contraditoriamente, o extremo esforço que poderia ser premiado. Aqui também a tragédia cristã se irmana com o mito, ou melhor, é sua mais verdadeira continuação porque coloca o amor acima do fato. Hölderlin, *suspendendo* o momento sintético, liberando-o das restrições lógicas da conceitualidade, torna o idealismo mais próximo à realidade limitada da simples subjetividade.

Graças à escolha de privilegiar a linguagem poética sobre a analítica do amigo Hegel, Hölderlin se

78 *Ibid.*, p. 157.
79 *Ibid.*, p. 165.

apresenta aos olhos de Adorno como a possível alternativa. A sua biografia trágica, o abandono dos amigos mais caros e a longa fase de loucura o tornam, de alguma forma, próximo dos rejeitados da história. Hölderlin não podia ser compreendido por sua gente porque a sua existência não conhecia compromissos. Por isso, o seu ideal pode ser plenamente compartilhável, e, por isso, Adorno, tal como Benjamin, sempre o considerará determinante para sua própria posição filosófica.

5. Os estudos sobre Husserl e o *Positivismusstreit*

O texto que engloba os estudos sobre a fenomenologia de Husserl, publicado em 1956, é dividido em quatro capítulos, três dos quais compostos de páginas já publicadas na revista *Archiv für Philosophie*.

Trata-se, como diz o título,[80] de uma *metacrítica* à posição fenomenológica de Husserl e ao construto lógico que leva o nome das antinomias de clara impostação kantiana.

O livro foca no absolutismo lógico e a sua pretensa superioridade à tradição idealista, além de ter a intenção de querer construir as bases para uma nova forma de filosofia centrada nas estratégias de estudo

80 ADORNO, Th. W. *Sulla metacritica della gnoseologia*. Trad. it. de A. Burger Cori. Milão: Unicopli. A nova edição, à qual nos referiremos, leva o título de *Metacritica della teoria della conoscenza: Studi su Husserl e sulle antinomie fenomenologiche*. Editado por (e com um ensaio de) F. Riccio. Milão: Mimesis, 2004.

e de informação do sujeito pensante. Adorno critica Husserl tanto do ponto de vista lógico quanto do ponto de vista propriamente filosófico. O primeiro âmbito trata dos princípios de identidade e de não contradição que, se absolutizados, podem impedir a compreensão sociológica e histórica do agir humano. "O princípio de contradição é uma espécie de tabu decretado sobre o difuso. A sua autoridade absoluta, na qual insiste Husserl, deriva exatamente da sua transformação em tabu, portanto, da inibição de tendências contrárias preponderantes."[81]

Como lei do pensamento (*Denkegesetz*), o princípio de não contradição representa uma forma de proibição em relação a um conteúdo que pretende ser livre, uma hipoteca sobre a atividade social e política dos indivíduos. Em nome da validade universal dos princípios lógicos, a fenomenologia apontava a característica da universalidade, mas para Adorno a lógica e os critérios veritativos têm validade apenas histórica, portanto, relativa a um tempo preciso, como a própria história da reformulação do princípio de não contradição (antes aristotélica, depois kantiana, hegeliana e, enfim, moderna) está demonstrando.

O problema principal da fenomenologia seria o de não querer lidar com o *contingente*, a casualidade e o irracional, reduzindo, consequentemente, o ser das coisas a uma simples propriedade da consciência pessoal. Enquanto isso, o mundo, recorda Adorno com uma pitada de realismo, não pode ser um produto da

81 *Ibid.*, p. 88.

consciência. Ao *eu* de Husserl, Adorno contrapõe o respiro da ontologia hegeliana, lembrando que o ser de Hegel é *movimento* tangencial aos acontecimentos históricos, *conceito* sumamente *crítico* ("*Es ist im eminenten Sinn kritischer Begriff*"[82]).

Segundo Adorno, a tentativa da fenomenologia de liquidar (*liquidieren*) o idealismo objetivo está destinada ao fracasso porque, assim como Kant, não consegue se liberar do dualismo ao encontro do qual toda lógica antinômica (pensar duas proposições ao mesmo tempo contrárias e verdadeiras) vai. Com as antinomias, Kant deu um chacoalhão na metafísica clássica e chegou a captar a necessidade da contradição, sem, porém, querer resolvê-la. Superar a contradição entre os fenômenos e o númeno, entre o ser-aí e o ser por si, queria dizer chegar a uma nova formulação daquela metafísica e lógica sem saber bem como alcançar, de forma racional, uma nova unidade entre o pensamento e seu principal objeto. Claro, o Kant de que Adorno gosta é aquele que refuta a passagem à *afirmação*, aquele que impede a *mitologia do conceito*, aquele crítico da razão submissa ao pré-constituído. Mas Adorno não pode aceitar que a dialética, e a lógica que a sustenta, seja considerada por Kant como uma lógica da aparência, porque ele considera *necessária* tal *aparência* não apenas ao pensamento, mas sobretudo à esperança de constituir um diverso horizonte de significado.

---

82 Cf. ADORNO, Th. W. *Zur Metakritik der Erkenntnistheorie*. Editado por G. Adorno e R. Tiedemann. Frankfurt a. M.: Suhrkamp, 1990, p. 211.

Mesmo compartilhando do problema de Kant, Adorno não aceita o fato de que a filosofia, de modo ambivalente, leve "à impossibilidade de pensar o desespero até o fundo".[83]

Ao primado do sujeito que da escola de Kant se perpetua até Husserl, Adorno contrapõe o primado do objeto, opondo o ser à consciência, o risco da contraditoriedade à autoridade escolástica dos princípios lógicos. A conclusão de Adorno é impiedosa: a tentativa de Husserl de superar (*aufheben*) o idealismo é fadada ao fracasso. O pensamento puro não pode encontrar seu fundamento em um princípio primeiro absoluto, mas deve lidar com o homem real, com o seu ser-aí (*Dasein*). E quando a razão se absolutiza pensando ser capaz de fundar e demonstrar o ser das coisas, vai recair paradoxalmente em oposições que não consegue resolver. Não se dá o primado da consciência (*Bewußtsein*) sobre o ser (*Sein*); nem o conceito de um *primeiro absoluto*, da forma como o entende Husserl, pode ser o motor do processo lógico.

Adorno conclui lembrando que o idealismo não pode ser classificado como não verdadeiro, porque compreende dialeticamente tanto a verdade quanto o seu contrário, e essa seria a sua força lógica. O idealismo é a verdade na sua não verdade, fazendo da aparência um motivo ao mesmo tempo – aqui contraditoriamente – necessário e caduco.

Essas reflexões – às quais talvez os lógicos modernos olharão com perplexidade – constituem a

83 *Id. Dialettica negativa, op. cit.*, p. 348.

pré-compreensão daquilo que habitualmente é chamado de *Positivismusstreit*, ou seja, o vivaz debate que aconteceu na Alemanha nos anos 1960 após o confronto entre Adorno e Popper no congresso da Sociedade Alemã de Sociologia, que aconteceu em Tübingen em outubro de 1961. A essas primeiras contribuições seguiram-se a intervenção de Habermas em 1963 e a de Albert no ano sucessivo, com as tréplicas consequentes; todo o material seria publicado em 1969 sob o título *Der Positivismusstreit in der deutschen Soziologie* (A controvérsia sobre o positivismo na sociologia alemã), traduzido com a fantasiosidade própria das editoras italianas como *Dialettica e positivismo in sociologia*.

A gestação do volume não foi nada pacífica; Albert, na breve nota conclusiva do texto, lamenta não apenas a sua dimensão excessiva, mas sobretudo que *a outra parte* (querendo dizer os *frankfurtianos*) teria se aproveitado do empenho da redação adicionando uma introdução de cerca de oitenta páginas assinada por Adorno. Albert denuncia o *golpe* de Adorno e lembra que a causa da demora para chegar, depois de cerca de três anos à publicação definitiva do livro, seria exatamente essa intenção manipuladora.

Nessa longa introdução, que para muitos representa também seu texto sociológico mais importante, Adorno percorre novamente todas as questões abertas entre a relação entre mentalidade científica e fidelidade sociológica ao processo real da vida. A primeira questão tange à própria possibilidade de uma atitude e uma linguagem aptas ao confronto: "Seria necessário encontrar um lugar mental onde pudéssemos nos encontrar, mas sem aceitar um sistema de regras que é, ele mesmo, objeto da discussão: uma terra de ninguém do pensamento".[84]

Esta frase tem muito da intenção teórica de Adorno e fala de seu desejo de achar um momento de encontro com a tradição positivista de matriz aristotélica em um *lugar mental* novo, inédito, onde as regras do encontro ainda estão por escrever. Ou onde, ao menos, não sejam ditadas por um *primado absoluto* da lógica, que arranja incompreensões e fraturas entre a teoria do conhecimento e a vivência intersubjetiva.

Nem mesmo a não contrariedade dos procedimentos argumentativos pode ser uma regra útil, porque não tem o caráter da objetividade. "O positivismo, para o qual as contradições são blasfêmias, tem a sua contradição mais profunda e inconsciente nisso, que considera voltado à objetividade mais completa, purificada de todas as projeções subjetivas, mas exatamente por isso também ele é prisioneiro da particularidade de uma razão meramente subjetiva, instrumental".[85]

O positivismo seria, portanto, autocontraditório, porque a pretensa objetividade da validade normativa esconde a hipostatização do sujeito pensante.

84 ADORNO, Th. W.; POPPER, K. R.; DAHRENDORF, R.; HABERMAS, J.; ALBERT, H.; PILOT, H. *Dialettica e positivismo in sociologia.* Editado por Hans Maus e Friedrich Furstenberg; trad. it. de Anna Marietti Solmi. Turim: Einaudi, 1972, p. 10.

85 *Ibid.* (Adorno), p. 14.

Nega, portanto, que o processo do conhecimento resida na faculdade do indivíduo histórico, determinado por uma época temporal precisa. Como exemplo, Adorno cita os paradoxos *necessários* de Ludwig Wittgenstein, nos quais o filósofo lógico, em oposição aos positivistas do círculo de Viena, percebe perfeitamente os limites da lógica.

Aquilo que o positivismo e o *cientismo* consideram um progresso lógico e científico, Adorno vê como um *sacrifício*: não há progresso que não traga consigo também traços de regresso social, e isso vale sobretudo para as diversas fases históricas em que a ciência se colocou a serviço do desenvolvimento político. Ou melhor: os progressos científicos causam frequentemente uma adequação social do homem que nem sempre melhora a sua vida ou, pretendendo melhorá-la, na realidade a empobrece. A própria ciência, afirma Adorno, não é neutra nem mesmo do ponto de visto político, "sempre se colocou de acordo com o poder existente", chegando a citar Mussolini[86] como exemplo extremo de subserviência política.

Mesmo que Popper, em sua relação sem polêmicas, tenha buscado configurar o discurso sobre o contraste entre o *nosso saber* e *a nossa ignorância*, afirmando que uma teoria do conhecimento não pode ignorar as teses opostas que a compõem, Adorno não quer segui-lo no terreno da experimentação e da confutação crítica. Popper considera a ciência em sua objetividade, a qual se apoia sobre um método

86 Cf. *ibid.*, p. 41.

crítico também objetivo: "mas isto significa, antes de tudo, que nenhuma teoria pode abrir mão da crítica, e também que os instrumentos lógicos da crítica (a categoria da contradição lógica) são objetivos".[87] E é exatamente a categoria da contradição que cria para Adorno os maiores problemas; ele sustenta que a sociologia não pode se contentar com os dados ou estatísticas, mas que deve, ao contrário, tentar explicar as contradições que encontra. A ausência de contradições é pura *tautologia*, *segurança* apenas aparente, ausência de *conteúdo*, por isso a filosofia de Popper não seria capaz de captar a essência dos fenômenos sociais, mesmo quando são lidos de maneira *vanguardista*. "Popper patrocina a causa de uma sociedade 'aberta'. Mas a ideia desta sociedade é contradita pelo pensamento não aberto, regulamentado, que é postulado pela sua lógica da ciência como 'sistema dedutivo'."[88]

Em resumo, o positivismo é visto como um fenômeno temporal e comparado até mesmo ao jazz, ou melhor, à mentalidade *dos fanáticos* por jazz, e para ele a atração que exerce sobre os jovens é análoga a isso.[89] Adorno não dá nenhuma importância

---

87 *Ibid.* (Popper), p. 108.

88 *Ibid.* (Adorno), p. 73.

89 *Ibid.*, p. 72. Já nos *Prismas*, Adorno havia dedicado um ensaio ao, ou melhor, contra o jazz, em que dizia expressamente: "o jazz é uma música que, com uma estrutura melódica, harmônica, métrica e formal elementaríssima, combina com o decurso musical a partir de síncopes de alguma forma irritantes, sem que isso jamais afete a obtusa uniformidade do ritmo quaternário básico, sempre idêntico". *Prismi, op. cit.*, p. 115.

nem mesmo à distinção entre valores e desvalores *puramente* científicos e valores e desvalores *externos* à ciência proposta por Popper para resolver a *confusão* entre as diversas esferas do discurso.

Para Popper, o desconforto filosófico e religioso do nosso momento histórico é causado pela dificuldade argumentativa da filosofia do conhecimento. Mas, segundo ele, o niilismo, visto como forma de mal-estar, pode ser superado pelo positivismo: "porque mesmo que nós não possamos justificar racionalmente as nossas teorias e não possamos nem mesmo demonstrar sua probabilidade, podemos, porém, criticá-las racionalmente. E podemos distinguir as melhores das piores".[90] Estas conclusões de Popper são muito diversas das conclusões mais duras de Adorno, que, ao fim de sua intervenção, retoma sintetizando os elementos que tornam inconciliáveis as duas perspectivas. "As divergências a este propósito *não* derivam de diversas visões do mundo. Residem nos problemas lógicos e gnosiológicos, na concepção da contradição e da não contrariedade, da essência e do fenômeno, da observação e da interpretação. Na *luta*, a dialética tem uma atitude *instransigente*, porque acredita que deve continuar a pensar lá onde seus adversários param, frente à autoridade indiscutível da indústria da ciência."[91]

Será, sem dúvida, Albert, com sua intervenção e na nota conclusiva do livro, quem levantará o tom

90 *Ibid.* (Popper), p. 123.
91 *Ibid.* (Adorno), p. 82, itálicos meus.

daquilo que depois se tornará um verdadeiro embate filosófico.[92] Como Habermas, Adorno também seria vítima de um *próprio* e *confuso* conceito de positivismo que não teria nada a ver com o fundamento racional de Popper. Com um golpe baixo, afirma até que Lenin, mesmo não tendo sido professor de filosofia, sabia distinguir realismo de positivismo, como a Escola de Frankfurt não conseguiria fazer. Nem mesmo Adorno, afirma Albert, poderia abrir mão de uma lógica como *organon* da crítica, ou mesmo *suspender* o princípio de não contradição. "Uma 'contradição dialética', que expressa 'os antagonismos reais', poder, em certos casos, ser totalmente compatível com este princípio é uma ideia que evidentemente não lhe vem à mente."[93]

Aquela que aos olhos de Popper parece uma verdadeira aversão de Adorno em relação à lógica teria origem na *fatal herança* da filosofia hegeliana e da sua influência sobre a filosofia alemã. Na atitude de Adorno e de sua Escola, Albert veria a confirmação de como um pensamento dialético que gostaria de abrir mão (ou gostaria de trocar de signo) do sistema lógico do construto filosófico inevitavelmente repropõe as características mais perigosas da tradição alemã, ou seja, a tendência à irracionalidade.

---

92 Eu mesmo, nos anos 1990, assisti a um inflamado debate na Universidade de Tübingen entre Albert e Apel, que retomava de forma conflituosa muitos nós soltos da controvérsia que ali mesmo acontecera trinta anos antes.

93 ALBERT, H. "Breve nota conclusiva a proposito di una lunga e sorprendente introduzione". *In*: ADORNO, Th. W. *et al. Dialettica e positivismo in sociologia*, *op. cit.*, p. 325.

6. Hegel e a *Dialética negativa*

A posição madura de Adorno em relação à tradição filosófica pode ser identificada pelo conflito entre a pretensão totalizadora do sistema hegeliano e as exigências da subjetividade moderna. O racionalismo hegeliano influenciou como nenhuma outra corrente de pensamento as obras mais importantes de Adorno. Em *Três estudos sobre Hegel,* diz: "Não há hoje pensamento teórico de uma dimensão capaz de satisfazer a experiência da consciência (e de fato não apenas da consciência, mas também do corpo do homem) que não se nutra de filosofia hegeliana".[94]

Mesmo que Adorno sempre tenha se projetado contra a absolutização da racionalidade, em particular modo da positivista, a sua posição não se situa completamente fora do filão idealista da história da filosofia. *Dialética negativa*, a sua obra teórica fundamental, pretende projetar uma nova luz sobre a metodologia filosófica, ressaltando, ou exagerando, o papel que a negatividade tem na arquitetura hegeliana. Mesmo em sua originalidade, a filosofia de Adorno pode ser vista como um diálogo ininterrupto com Hegel. Claro que também Kant, Husserl, Benjamin e os antigos – para não falar do inimigo principal, Heidegger – influenciaram, às vezes de modo decisivo, seu trabalho. Mas a resistência hegeliana contra a causalidade e a impotência da razão,

94 ADORNO, Th. W. *Tre studi su Hegel*. Trad. it. de F. Serra. Bolonha: Il Mulino, 1971, p. 10.

traduzida teleologicamente no desenvolvimento da história, conquista a seus olhos uma posição primária. O método de Adorno não se funda na atualização do modelo kantiano do conhecimento, mas, de maneira bem evidente, na revisão da lógica hegeliana. Kant é frequentemente citado por criticar Hegel, mas a sua perspectiva se mantém fundamentalmente dialética, coisa que o afasta definitivamente da crítica, que considera, enfim, a dialética um saber efêmero. Mesmo a leitura histórica de Adorno não se reflete na especulação espaço-temporal de Kant, mas na crítica ao espírito hegeliano do mundo, que governaria a história e a enviaria em direção a um porto seguro e razoável.

A elaboração de *Dialética negativa*, de 1966, foi antecipada por uma série de cursos universitários nos anos 1960 na Universidade de Frankfurt. O primeiro, que remonta ao semestre do inverno de 1960-61, sobre *Ontologia e dialética*, será a base da primeira parte do livro. O do semestre do inverno de 1964-65 sobre *Ensinamento da história e da liberdade* confluirá na terceira parte, como o curso do ano sucessivo: *Metafísica: conceito e problemas*, que constituirá também o fechamento do livro, dessa vez com o título *Meditação sobre a metafísica*. A longa e importante introdução do livro foi matéria colocada à prova no curso universitário de 1965-66 com o mesmo título do livro: *Dialética negativa*.

A tentativa hegeliana de unificar o plano lógico e o ontológico do pensamento humano representa logo um primeiro problema. Essa pretensa identidade de pensamento e ser que vê o racional encontrar completamente a realidade das coisas parece a Adorno ilusória e arbitrária. A seus olhos, a síntese dialética arduamente buscada por Hegel tem um efeito involutivo sobre o progresso do pensamento. "É preciso reverter a tendência dos atos sintetizantes, obrigando-os a refletir sobre aquilo que fazem ao múltiplo."[95] Apenas a *afinidade* pode ser justificada, porque no processo identitário parte da alteridade é injustamente sacrificada, talvez como irracional.

Hegel quer resolver o problema da mediação entre unidade e diferença para que a ideia do Absoluto, como mundo espiritual, concorde com as conquistas históricas, políticas e científicas do mundo finito, e para que sejam reconhecidas a processualidade e a historicidade dessa relação. Adorno se opõe a este desenho em favor de uma radicalização dos motivos ligados à *diferença*, àquilo que não pode estar no interior de um sistema. Apenas então, segundo ele, pode-se falar de unidade, "apenas a extrema distância seria realmente a proximidade".[96]

Adorno vê na identidade não um simples instrumento lógico, regulativo, utilizável no âmbito do procedimento dialético, mas um quase-ideal que recebe força de sua irrealizabilidade, de forma a conseguir dar sempre novos impulsos à filosofia. Se a identidade

95 *Id. Dialettica negativa.* Trad. it. de C.A. Donolo. Turim: Einaudi, 1970, p. 141.
96 *Ibid.*, p. 50.

é imposta, a filosofia perde a sua qualidade, que está contida também, e sobretudo, na diferença. A dialética – e chegamos a uma tese central do livro – pode ser apenas a *consciência conseguinte* da não-identidade. Além desse limite se encontra, existencialmente, o terreno fértil da teologia positiva, que repropõe a sua afirmatividade sem problemas, enquanto que sob a reflexão política se confronta com os limites do *materialismo vulgar*, não capaz de entender a nostalgia da reconciliação. Ambas estas perspectivas estão distantes da posição teórica de Adorno.

O conteúdo ideal da identidade, a recomposição de realidade e racionalidade, não deve, porém, ser perdido. "Na crítica de que a coisa não é idêntica ao conceito vive também a esperança que se possa torná-lo."[97] Isso significa que mesmo a não-identidade deve ser parte de um procedimento dialético, mas de outra natureza. "O conhecimento do não idêntico é dialético também no fato de que exatamente ele, mais de forma diversa do que o pensamento da identidade, identifica [...]. A crítica à identidade não a faz desaparecer, mas a silencia de forma qualitativa. Nela vivem elementos da afinidade do objeto com o seu pensamento."[98]

As primeiras categorias da dialética adorniana então são precisas: "A sua ideia expressa a diferença de Hegel. Nele, identidade e positividade

97 *Ibid.*, p. 134.
98 *Ibid.*, p. 133-34.

coincidem";[99] ao contrário, Adorno fala de não--identidade e negatividade. A não-identidade, a *charneira* de sua obra, não deve ser compreendida como um conceito imóvel, não apenas por ser mediada pela identidade, mas sobretudo por estar colocada dentro de um circuito dialético; deve ser crítica também contra si mesma, de forma a excluir qualquer perspectiva do tipo dualista.

A tese de Adorno não se deixa pensar segundo a lógica da pura imanência, a sua reflexão quer compreender ao mesmo tempo motivos materialistas e metafísicos. Adorno quer pensar de maneira consequente aquilo que ainda não foi pensado exatamente por ser impensável. Em uma carta a Benjamin, afirma: "Estou convencido de que os nossos melhores pensamentos são exatamente aqueles que não conseguimos pensar completamente".[100]

A *outra* lógica de Adorno encontra no *primado do objeto* a sua especificidade. Mesmo que a alteridade possa ser pensada apenas por um sujeito, "fica sempre frente a este como um outro".[101] Tanto que o sentido profundo do objeto não é completamente compreensível pela nossa subjetividade. "Primado do objeto significa a progressiva diferença qualitativa de um em si mediado, um momento na dialética,

---

99 *Ibid.*, p. 127.

100 Cf. ADORNO, Th. W.; BENJAMIN, W. *Briefwechsel 1928--1940*. Editado por H. Lonitz. Frankfurt a. M.: Suhrkamp, 1994, p. 418 (tradução nossa).

101 *Id. Dialettica negativa, op. cit.*, p. 164.

não além dela, mas articulando-se nela."[102] A *diferença qualitativa*, contra a famosa formulação kierkegaardiana (entre Deus e o mundo), não é *infinita*, mas *progressiva*. Mas, em sintonia com Kierkegaard, a mediação objetiva mantém-se sob o aspecto da diferença, que não pode ser superada pela identidade de tipo hegeliana.

Apenas *von aussen betrachtet* (considerado a partir do exterior) é que o objeto se torna "a expressão positiva do não-idêntico".[103] A filosofia, parece dizer Adorno, não deve ver no objeto um fundamento lógico único (uma *Letzbegründung*), ela deve tratá-lo como o ponto arquimediano não especulativo de sua perspectiva; assim como no livro sobre *Positivismo* falava de uma *terra de ninguém do pensamento*.

No sentido positivo, o objeto é uma "máscara terminológica",[104] sob a qual se esconde a identidade *material* do novo pensamento. A correta interpretação do primado do objeto é decisiva para compreender a visão metafísica de Adorno, que não despreza o fato de se apresentar paradoxalmente próxima àquilo que historicamente é o seu contrário. "Com a passagem ao primado do objeto, a dialética se torna materialista."[105] Este materialismo, porém, como para o amigo Benjamin, tem mais a ver com as visões utópicas do que com a vulgarização do marxismo. "Marx havia formulado o materialismo histórico em contraposição

102 *Ibid.*, p. 164.
103 *Ibid.*, p. 172.
104 *Ibid.*
105 *Ibid.*

àquele metafísico-vulgar. Ele o envolveu, assim, na problemática filosófica, enquanto o materialismo vulgar, ficando aquém da filosofia, continuou a se exercitar de forma dogmática. A partir de então, o materialismo não é de fato uma posição contraposta a ser assumida com uma decisão, mas a essência da crítica ao idealismo e à realidade pela qual o idealismo opta, deformando-a."[106]

A contraposição do materialismo não é à metafísica, nem mesmo a mais explícita, mas ao modo idealista de considerá-la: "A nostalgia do materialismo seria a ressurreição da carne que, por sua vez, é totalmente estranha ao idealismo, o reino do espírito absoluto."[107] O materialismo pode se apresentar como corretivo do idealismo apenas se, por sua vez, compreender que o curso da história lhe impõe "aquilo que tradicionalmente era o seu contrário: a metafísica".[108]

E a expressão *teoria crítica*, formulada por Horkheimer, não pretende tornar *aceitável* o materialismo, mas é assim expressa para distingui-la da *teoria tradicional* da ciência. Quando fala de materialismo, Adorno quer falar de uma pré-compreensão que pode ser usada como corretivo do idealismo, para estar próxima à coluna da lógica, igualmente importante, da pesquisa política para um mundo melhor. Com o objetivo de transformar o idealismo, Adorno fala de um materialismo que não vira as costas ao

106 *Ibid.*, p. 176.
107 *Ibid.*, p. 185.
108 *Ibid.*, p. 340.

sonho de imortalidade sempre cultivado pela humanidade, sem deixar a última palavra para a metafísica. "A metafísica contrapõe ao complexo dos fatos com que temos de lidar na ciência algo que é por princípio diverso, outro, mas sem afirmar que este outro existe no modo em que as teologias costumam afirmá-lo pela divindade delas."[109]

Trata-se, porém, de compreender como é possível interpretar o objeto sem o filtro das estruturas lógicas subjetivas, como isso deveria se fazer presente, esboçar, sem que nosso entendimento o falsifique. Parece que o único conhecimento *ultimativo* válido para a filosofia seria aquele literário da *redenção*, proveniente da *luz messiânica*, como enfim recita o último aforisma de *Minima moralia*. Wiggershaus se coloca a falar do *Messianischer Materialismus* (Materialismo messiânico) presente na especulação teórica e estética de Adorno.[110]

O objeto – assim se pode interpretar o pensamento de Adorno – deve se fazer conhecer como uma entidade dotada de linguagem. Apenas as essências capazes de linguagem nos chamam ao relacionamento com o seu ser outro e mantêm, ao mesmo tempo, uma certa imunidade frente à nossa percepção subjetiva. O objeto, talvez, deva ser compreendido como a própria língua das origens (Hölderlin). É, de fato, a palavra profética, contra a *blasfema positividade* da metafísica vulgar, que parece capaz, do ponto de

109 ADORNO, Th. W. *Terminologia filosofica, op. cit.*, vol. II, p. 360.
110 Cf. WIGGERSHAUS, R. *Theodor W. Adorno, op. cit.*, p. 33-37.

vista arquimediano, externo ao círculo da existência, livre de suas lógicas. Como alguns críticos ressaltaram, Adorno faz uma distinção entre a metafísica hegeliana e a teologia hebraico-cristã, optando indiscutivelmente e problematicamente pela segunda. Theunissen vê nisso a tentativa de sacrificar a ontologia *pela mão* da teologia,[111] que teria como figura central, segundo Bodei, exatamente a escatologia: "A Dialética negativa reduz a utopia à escatologia, e precisamente a uma escatologia platonizada, que esperaria o *eschaton* não mais a partir da história, mas que o concebe como essência das coisas últimas".[112]

Adorno faz essa convicção também para poder explicar o sentido verdadeiro do mal absoluto e radical. Entender, por exemplo, Auschwitz como categoria filosófica não tem a ver unicamente com a enormidade trágica do acontecimento, mas sobretudo com a *impossibilidade* histórica do povo judeu de poder combater o mal. Essa impossibilidade constitui o motivo de fundo da obra de Adorno, ao qual quis se manter fiel também em nível lógico, negando o processo alquímico da *possibilidade*, a convicção hegeliana de pôr as premissas para ganhar com a *necessidade* a certeza de ficar atrás da irracionalidade dos conflitos.

111 Cf. THEUNISSEN, M. *Negativität bei Adorno*. *In*: FRIEDEBURG, von L; HABERMAS, J. (Eds.). *Adorno-Konferenz 1983*. Frankfurt a. M: Suhrkamp, 1983, p. 60ss.

112 BODEI, Remo. "Segni di distinzione" (Introdução). *In*: ADORNO, Theodor W. *Il gergo dell'autenticità: Sull'ideologia tedesca*. Trad. it. de P. Lauro. Turim: Einaudi, 1989, p. 59.

Essas reflexões adornianas são surpreendentemente próximas às considerações de Franz Rosenzweig, desenvolvidas em sua obra principal, *A estrela da redenção*. Remo Bodei, já em sua introdução a *Jargão da autenticidade*, o livro polemicamente escrito contra Heidegger, fala de um "débito parcial de reconhecimento"[113] de Adorno em relação a Rosenzweig. Bodei pensa na categoria da redenção, compara com o último aforisma da *Minima moralia*. Mas, também, no que tange o tema central da não-identidade, Rosenzweig parece ter sido inspirador: "A identidade de pensamento e ser pressupõe, portanto, uma não-identidade interna".[114] A propósito, é necessário lembrar que o *Jargão da autenticidade* foi concebido por Adorno como parte da *Dialética negativa*. Seu núcleo original remonta ao curso dado na Universidade no semestre do inverno de 1951-52. Adorno, que havia acabado de voltar do exílio americano, ficou impressionado pelo entusiasmo dos jovens alemães e por sua vontade de reencontrar uma fonte cultural não contaminada. As suas aulas (*Vorlesungen*) têm o título de *O conceito de filosofia*, e centram-se na linguagem. No segundo capítulo do livro, que tange a relação entre língua e filosofia, ele fala expressamente de Heidegger.[115] Diversamente

---

113 *Ibid.*, p. XV.

114 ROSENZWEIG, F. *La stella della redenzione*. Trad. it. de G. Bonola. Casale Monferrato: Marietti, 1985, p. 26.

115 Entre os dois nunca houve um confronto direto. Adorno viu Heidegger apenas uma vez, em 1929, sem conseguir falar com ele, enquanto que Heidegger afirma nunca ter lido nada daquele que considerava um simples "sociólogo".

do que se poderia esperar, Adorno julga a linguagem de Heidegger como a mais buscada, *überlegen*, superior àquela geralmente usada pelos filósofos acadêmicos a ele contemporâneos. Não se pode negar a intenção de salvar a língua filosófica da banalidade. Heidegger seguiria na intenção de deixar aparecer na linguagem um momento subjetivo como se este correspondesse ao próprio ser objetivo. Não obstante, "assim que o desejado autocontrole afrouxa, ele recai no jargão com um provincianismo que não pode ser desculpado pelo fato de ser tematizado".[116]

Na sua resistência contra as convenções retóricas, a linguagem de Heidegger manifestaria uma característica *expressionista* que a torna até original. Mas exatamente esse desejo de fazer falar o ser em nossas palavras sem *coisificá-lo*, como se atrás delas estivesse o Absoluto em primeira pessoa, aparece como apócrifo.

O círculo dos *autênticos*, como diz Adorno, se forma no começo dos anos 1920 em torno da figura de Martin Buber. Era um grupo de filósofos, sociólogos e teólogos descontentes com o idealismo ainda dominante nas universidades, em busca de uma nova relação com a *concreteza*. A operação conduzida por Buber em plano teológico comportava a separação do conceito de existência das diversas qualidades da cristologia, a partir de uma nova – e, para Adorno, indiscutível – leitura do existencialismo de Kierkegaard. O resultado disso era o cristianismo reduzido

116 ADORNO, Th. W. *Il gergo dell'autenticità*, *op. cit.*, p. 38.

a um mero gesto particular, e o conteúdo metafísico daquela inquietante relação entre o humano e o divino era domado na relação do Eu-Você. Heidegger teria se inserido naquele percurso para tentar, com uma *analogia entis ao avesso*, aproximar tragicamente a transcendência do homem. Dessa forma, conquista o interesse daqueles que mal suportam vínculos religiosos de tipo confessional, oferecendo um vocabulário que ecoa, entretanto, um tom teológico. A *Eigentlichkeit*, a autenticidade, seria símbolo desse modo, um tanto equivocado, de entender a relação entre a filosofia e a teologia.

Como já vimos, segundo a leitura de Adorno, Hegel teria secularizado a transcendência, e, consequentemente, teria tratado a teologia como algo não-substancial, operação na qual Adorno rastreia a principal contradição do idealismo: levar "ao máximo a secularização para ser total", mesmo que apenas categorias teológicas possam expressar a totalidade. "Arrancadas da religião, estas categorias se tornam não-substanciais."[117] Elas perdem a sua propriedade salvífica, porque não se pode crer nelas. Uma metafísica não-substancial, assim como uma teologia positiva, acaba por se tornar uma "religião de trincheira",[118] que justifica os salvos antes de chorar os mortos, que serve para infundir coragem em vez de para combater o mal.

117 *Id. Dialettica negativa, op. cit.*, p. 180.
118 *Ibid.*, p. 332.

O mesmo juízo negativo é dado à tentativa proposta por Kant, mesmo se sob um outro ponto de vista: se a filosofia hegeliana é criticada como secularismo, a kantiana é acusada de antropomorfismo. "Realmente, por sua vez, Kant, determinando a coisa em si como essência inteligível, concebeu sim a transcendência como o não-idêntico, mas a equiparou ao sujeito absoluto, sem se curvar, contudo, ao princípio de identidade.[119] [...] As identificações do absoluto o transpõem ao homem, do qual deriva o princípio de identidade; estas são antropomorfismos."[120] Se no secularismo são ainda reconhecíveis sinais da tradição religiosa, estes desaparecem completamente na arbitrariedade subjetiva do antropomorfismo.

Como sabemos, em seus textos, Adorno busca sempre remontar, de forma narrativa, ao arquétipo religioso. Ele diz expressamente que o pensamento cristão era mais coerente do que sua tradução idealista. "A dogmática cristã, que pensava a ressurreição das almas junto à da carne, era metafisicamente mais consequente, e, se quisermos, mais iluminada, do que a física especulativa. Da mesma forma, a esperança visa à ressurreição corporal, e se sabe privada de sua

119 Nota da revisora: *"ma l'ha posta sullo stesso piano del soggetto assoluto, davanti al quale il principio di identità si deve pur sempre piegare"*, no original italiano. Diante da inconsistência entre essa versão e a presente na *Dialética negativa* publicada no Brasil, optamos por seguir a versão brasileira, editada pela Zahar, com tradução de Marco Antonio Casanova e revisão técnica de Eduardo Soares Neves Silva.
120 *Ibid.*, p. 367.

melhor parte por meio de sua espiritualização."[121] Mas ele mesmo percebe que a filosofia deve continuar a pensar de forma autônoma, que não pode parar na reproposição do princípio dogmático.

Adorno se encontra diante do seguinte problema: como é possível repensar um absoluto livre das lógicas mundanas, como é regenerável a língua da filosofia sem incorrer nas aporias hegelianas sabendo que um retorno a Kant é substancialmente impraticável? A sua reflexão é prisioneira do dilema. Mas se a realidade jamais corresponde ao conceito, a metafísica está condenada a um destino quase insuportável: "a ressurreição dos mortos deveria acontecer em um cemitério de automóveis",[122] ou melhor, no lugar em que nossos princípios e teorias perderam a utilidade, onde toda teoria moral, todo imperativo categórico pode ser considerado inútil.

Qual forma de metafísica é ainda possível para Adorno? A metafísica neoescolástica era demasiadamente dependente da teologia; a crítica kantiana, sem esperança e uma ofensa ao pensamento; a teodiceia hegeliana, demasiadamente racionalista e distante da realidade. A filosofia de Kierkegaard se apresenta privada de lógica, enquanto que a teologia negativa, não suficientemente assim. Adorno impugna a categoria *materialismo* como corretivo do logocentrismo hegeliano e com ela retorna à perspectiva idealista. "Recuperar Hegel – não uma renovação,

---

121 *Ibid.*, p. 363.
122 ADORNO, Th. W. *Prismi, op. cit.*, p. 281.

mas a recuperação é o que se aplica aqui – significa, portanto, colocar-se no ponto mais delicado da sua filosofia, e lá onde sua não-verdade se manifesta mais, arrancar dela a verdade."[123]

O conteúdo veritativo do pensamento de Hegel parece a Adorno ao mesmo tempo forte e fraco demais: excessivamente forte no aspecto racional e demasiadamente fraco em relação à experiência humana. Às vezes, encontramos em sua reflexão passagens em que a prática, como resistência contra a normalidade burguesa, assume o momento da verdade. Mas, mais frequentemente, a dialética teoria-prática fica em suspenso, de forma que o infinito diálogo com Hegel pode ser mantido.

Por esse motivo, a *teoria crítica* sempre teve um lugar particular dentro da tradição marxista ocidental. Ela não tem a ver com o Hegel *invertido* de Marx e Engels (aceitar a dialética e rejeitar o conteúdo), mas com o seu sistema genuíno. A Escola de Frankfurt, sob a direção de Horkheimer, manteve-se relativamente fiel à página hegeliana.

A difícil solução do problema da correspondência entre o plano teórico e o prático da filosofia é reconhecível em Hegel no modo *linear* de confrontar o desenvolvimento da história. Frente às experiências do século XX, Adorno interpretou o papel hegeliano de ler a história não como fuga no utópico, mas como falsificação do seu sistema. A reafirmação do terror, e exatamente em solo alemão, pátria da filosofia, torna

---

123 *Id. Tre studi su Hegel, op. cit.*, p. 107.

macabra qualquer tentativa de ler o curso da história como voltado ao progresso e à razoabilidade.

Segundo Adorno, Hegel deveria ter estruturado diversamente a relação entre o particular e o universal, sem temer a assimetria da história em relação ao plano da providência. Para Hegel, o sujeito histórico não pode se emancipar de seu tempo e do espírito do povo, mas essa consideração não é estranha às próprias convicções de Adorno; até para ele a sociedade vem *antes do sujeito*. E, de fato, na *Dialética negativa*, afirma: "Até mesmo uma tal ideologia tem sua carga de verdade: até mesmo o crítico do próprio espírito do povo estará ligado àquilo que lhe é comensurável, enquanto a humanidade for cindida em nações".[124] O ponto de vista de Adorno, ou seja, de que uma sociedade se mantém viva exatamente graças à descontinuidade da história e ao antagonismo social, é diametralmente oposto ao princípio (regressivo) hegeliano do espírito do mundo. As perigosas oposições sociais são compreendidas por Adorno como princípio positivo e vital da vida comum, sem explicar, porém, em qual terreno e com a ajuda de quais estratégias seria reconstruível o consenso social. A reflexão materialista encontra nesse ponto a sua justificativa, e mostra, ao mesmo tempo, a sua fraqueza, porque o antagonismo social é transportado ao plano lógico e lido como antagonismo *na* razão. O problema para Adorno não está na pretensa concordância entre categorias teóricas e práticas, "essa construção

124 *Id. Dialettica negativa, op. cit.*, p. 290.

era exatamente adequada à realidade",[125] mas na radicalização e de-ideologização do método dialético. A própria racionalidade é, para Adorno, *antagonista*, ou seja, em si, também irracional. "A irracionalidade da *ratio* realizada particularmente na totalidade histórica não é externa à *ratio*, não deriva apenas de sua aplicação. Ao contrário, é, a essa, imanente."[126] Adorno até afirma: "não se pode hipostasiar a *ratio* como qualquer outra categoria".[127] Trata-se, talvez, de sua maior e mais dificilmente aceitável provocação à tradição do pensamento filosófico – na premissa da *Dialética negativa*, Adorno afirma estar consciente de *violar* a tradição. A superação da injustiça histórica que caracteriza o interesse existencial da *teoria crítica* também deve, porém, ser entendida como o encontro paradoxal entre idealidade e materialidade. Com as palavras de Horkheimer, "apesar de toda a sua consciência dos passos a serem dados e a concordância de seus elementos com as teorias tradicionais mais bem-sucedidas, a teoria crítica não tem, em nenhuma instância específica, nada além do interesse para a supressão da injustiça a ela conectado. Reduzida a uma expressão abstrata, essa formulação negativa constitui o conteúdo materialista do conceito idealista de razão.[128]

Os dois termos tradicionalmente inconciliáveis devem, portanto, poder encontrar um ponto de

---

125 *Ibid.*, p. 284.
126 *Ibid.*, p. 285.
127 *Ibid.*
128 HORKHEIMER, M. *Teoria critica*. Trad. it. de G. Backhaus. Turim: Einaudi, 1974, p. 186, v. 2.

acordo, mas, para isso, o seu étimo deve ser reescrito. Pode-se, de tal forma, compreender a frase conclusiva do livro: "Um tal pensamento é solidário com a metafísica no instante de sua queda".[129]

7. Teoria estética

Em outubro de 1966, depois de ter terminado *Dialética negativa*, Adorno começa a se dedicar à nova obra sobre a estética. Depois de dois anos, o primeiro texto está pronto, mas Adorno, que costumava liberar seus textos apenas após escrevê-los pela terceira vez, trabalha nisso até seus últimos dias, sem chegar à forma definitiva. Então, falta a última demão, e, apesar de Adorno dizer que a versão definitiva "precisa ainda de um esforço desesperado", este é essencialmente "um esforço de organização praticamente, não mais da substância do livro".[130] *Teoria estética* será publicado de forma póstuma, em 1970, com a curadoria de sua mulher, Gretel Adorno, e de Rolf Tiedemann; espelha, portanto, completamente o desenho, as ideias, o estilo de Adorno, mesmo que, provavelmente, algumas partes, como a *Proto-introdução* e os fragmentos *Paralipomena* tivessem tido uma outra colocação.

Teoria estética ficou incompleta, assim como *Passagenwerk* de Benjamin e o *Oratório* de Schönberg,

129 ADORNO, Th. W. *Dialettica negativa, op. cit.*, p. 369.
130 Cf. a *Nota* dos curadores da edição alemã. *In*: ADORNO, Th. W. *Teoria estetica*. Trad. it. de E. De Angelis. Turim: Einaudi, 1977, p. 605.

talvez, também, por causa da controvérsia que explodiu com o movimento estudantil,[131] que o envolveu emocionalmente nos anos do preparo dessa obra. Tanto que, em *Lyric Poetry and Society*, afirma: "Devemos nos guardar sobretudo da insuportável tendência atual de usar em qualquer ocasião propícia o conceito de ideologia. Porque a ideologia é não-verdade, falsa consciência, mentira. Manifesta-se na falência das obras de arte, em sua falsidade intrínseca, e pode ser descoberta pela crítica. A grandeza de uma obra de arte está apenas em sua capacidade de fazer perceber aquilo que a ideologia esconde".[132]

Esse livro denso também foi *preparado* por diversos cursos universitários de Adorno a partir do fim dos anos 1950 e, como a maior parte de suas obras, não segue um índice e um andamento facilmente reconstruíveis. É ele mesmo quem diz: "O livro deve ser escrito quase concentricamente, em partes de igual peso, paratáticas, ordenadas em torno de um centro expresso pela constelação delas".[133] O estilo paratático antissistemático de Adorno, que tem origem nos textos estéticos de Hölderlin, torna-se uma forma rica em conteúdo e impulsiona seus pensamentos em direção a significados não pré-constituídos.

---

131 Em junho de 1967, Adorno havia recusado mudar o argumento de uma conferência sobre "O classicismo de Goethe em Ifigênia", que deveria dar em Berlim, depois que a polícia havia matado o estudante Benno Ohnesorg durante as manifestações contra a visita do Xá da Pérsia à Alemanha. Esta recusa deu origem às demonstrações de hostilidade de grupos estudantis e feministas contra ele.

132 ADORNO, Th. W. "Lyric Poetry and Society". *Telos*, (20): 57--58, 1974.

133 *Id. Teoria estetica, op. cit.*, p. 609.

A reflexão estética deve captar o objeto artístico, a obra, como algo outro, diverso do nosso modo de percebê-lo. De outra forma, desapareceriam tanto o sonho de um mundo reconciliado quanto o elemento contestador, ou melhor, aquilo que caracteriza o conteúdo próprio da reflexão estética. Não há arte, diz Adorno, que não contenha já em si mesma, em forma negada, aquilo do qual se diferencia: a normalidade. As obras participam da história, o seu conteúdo de verdade jamais estará fora das vicissitudes históricas. "O gosto é o sismógrafo mais fiel da experiência histórica."[134]

A prática estética implica inevitavelmente a reflexão teórica. Por isso, Adorno fala de uma *constelação dinâmica* entre experiência e teoria, e define a sua como uma estética dialética, ou melhor, como *materialístico-dialética*. O *Wahrheitsgehalt*, o conteúdo de verdade de uma obra de arte, só pode emergir do encontro entre esses dois momentos irrenunciáveis. Não nos esqueçamos aqui da dupla identidade de Adorno, aquela do compositor e aquela do crítico, ou melhor, do sociólogo e filósofo da música atento às diversas linguagens da arte.

A arte não pode se valer do exercício crítico sem um *a priori* filosófico; sem um preciso aparato categorial, a reflexão estética seria privada de sua própria identidade. As categorias filosóficas constituem o esqueleto da *Teoria estética*. Se, então, a estética é dependente da estrutura filosófica que a sustenta, ela

134 *Id. Minima moralia, op. cit.*, p. 170.

não pode se colocar sob o signo da emancipação total. "Aquilo que se derreteu nas mãos da filosofia com F maiúsculo (*der emphatischen Philosophie*) não pode ser refeito pela estética, que é, ela também, uma disciplina filosófica."[135]

A estética para Adorno não é a solução, e, tampouco, como queria Hegel, apenas o primeiro dos três degraus que conduzem ao reino do espírito absoluto. A reflexão filosófica sobre o fenômeno artístico, sobre obras de arte, deve ser conduzida na consciência de que ela não é *parte* da filosofia, mas que, ao contrário, compreende todos os seus aspectos estruturais. Problemas metafísicos, morais, sociais, históricos e formais estão presentes em seu raciocínio. Com as palavras de Adorno: "A estética, porém, não é uma filosofia aplicada, mas filosofia em si. O pensamento de Hegel 'a ciência da arte é, portanto, para nós mais necessária do que a própria arte' certamente é a emanação problemática da sua visão hierárquica da relação das esferas espirituais entre si".[136] Mas a impostação hegeliana encontra sua justificativa no modo em que a arte deve olhar a filosofia. "Por outro lado, tal reflexão, em consideração ao crescente interesse teórico pela arte, tem sua verdade profética no fato de que a arte precisa da filosofia para que possa desenvolver seu próprio conteúdo."[137] A difícil relação intelectual com Hegel, que acompanha toda a obra filosófica, crítica e

135 *Id. Teoria estetica, op. cit.*, p. 577.
136 *Ibid.*, p. 155.
137 *Ibid.*

musicológica de Adorno (em que se reflete também o interesse fundamental por Beethoven) ressoa também nessa citação. Uma relação que sumariamente poderia ser definida como de não-identidade, salvando, assim, tanto a negação quanto a pretensão.

De forma bem clara, em uma nota de *Teoria estética*, Adorno afirma: "A doutrina hegeliana da obra de arte enquanto fator espiritual, pensada por Hegel, com razão, na perspectiva histórica, é, como toda a filosofia hegeliana, um Kant repensando a fundo. O prazer sem interesse implica que se penetre especulativamente no estético como fator espiritual através da negação do seu contrário".[138]

A estética da recepção de Kant (*Rezeptionästhetik*), que define o belo como "aquilo que agrada sem conceito", é vista por Adorno como ambígua, porque a estética sem categorias se reduziria ao estado de um *molusco* (*Weichtier*). Enquanto isso, a estética do conteúdo de Hegel (*Gehaltästhetik)* reconheceu o momento imanente ao procedimento artístico, aquele prático, em seu ser outro; coisa, para Adorno, muito positiva. Mas, ao mesmo tempo, a dialética idealista, que pensa a forma como conteúdo, deixando-se, porém, oprimir por este, regride a uma dialética imatura (*Unreife*) do ponto de vista estético. A autonomia da arte aqui é colocada muito em dúvida. A arte se mantém para Adorno não completamente separável do idealismo objetivo, porque ela ainda deve se rebelar contra o seu próprio conceito

138 *Ibid.*, p. 156, nota 1.

formado em um mundo injusto. Por isso, a Nona Sinfonia de Beethoven, por sua proximidade com o idealismo, é criticada por Adorno como demasiadamente afirmativa. Se a arte tem um lugar preciso, este só pode ser a precária terra de ninguém, no não pertencimento. O conteúdo mais verdadeiro da arte é dado pela sua *transitoriedade*.

A impostação dialética e paradoxal que tenta desvelar o sentido dos conceitos através do não conceitual, dizer com a linguagem aquilo que não pode ser dito, aceitar o *dissonante*, é propriedade da nova consciência moderna. A música de Schönberg, a dodecafonia, ocupa um papel central na sua reflexão estético-musical. As novas composições de Arnold Schönberg representam para Adorno o antídoto à decadência da música do século XX, porque, deixando-se tocar pelas irrenunciáveis conquistas de Bach,[139] desenvolvem a técnica da *variação progressiva* que se adequa à passagem sociocultural do mundo artesanal ao da produção industrial. Contra a música comercial de massa, contra *l'art pour l'art*, Schönberg denunciaria a falsa situação de fruição agradável da música e das artes, o conformismo social em direção a uma *controlada felicidade infantil*. "Schönberg transgride a bipartição da vida em tempo dedicado ao

139 Cf. ADORNO, Th. W. "Bach difeso contro i suoi ammiratori". *Prismi, op. cit.*, p. 134: "Em seu último livro, Schönberg observa justamente que a técnica bachiana da 'variação progressiva' depois se tornou um verdadeiro princípio de composição na escola clássica vienense". Como já foi observado, parece que Adorno foi completamente indiferente às formas musicais precedentes à obra de Bach.

trabalho e tempo livre, e exige que no tempo livre se cumpra um tipo de trabalho que pudesse colocar em dúvida a utilidade do próprio trabalho."[140]

Eis o aspecto crítico e contestador da nova música, que não tem nada de *intelectualístico*, de *antimelódico* ou de *experimentalismo* como os detratores de Schönberg apostrofam a música dodecafônica. Para Adorno, porém, é *espiritual* no sentido de estar contra o clichê dominante das formas musicais incultas.

As convicções estéticas do *Adorno dialético*, porém, não terão total aceitação das conquistas musicais da dodecafonia. Talvez, também por causa das incompreensões surgidas diretamente com Schönberg em relação à sua colaboração com Thomas Mann,[141] Adorno passa da consideração de que a dodecafonia esteja na origem de um novo estilo musical marcado pela liberdade expressiva à percepção de que essa possa também se tornar um limite para o desenvolvimento da estética musical. E isso pelos motivos sociológicos e, principalmente, ideológicos. O

140 *Id.* "Arnold Schönberg 1874-1951". *Prismi, op. cit.*, p. 146.

141 Schönberg havia ficado ressentido com Thomas Mann pela representação do personagem Adrian Leverkühn em seu *Doktor Faustus* como o inventor (fictício) da dodecafonia (trata-se das páginas que Adorno havia escrito para Mann) sem que jamais fosse dito seu nome. Thomas Mann foi ao encontro do compositor, introduzindo nas edições sucessivas do *Faustus*, este novo final: "Não me parece supérfluo alertar que o tipo de composição exposto no cap. XXII e chamado de técnica dodecafônica ou serial é, na realidade, propriedade espiritual de um compositor e teórico contemporâneo, Arnold Schönberg...". Mas também este esclarecimento não conseguiu pacificar os ânimos. Cf. ADORNO, Th. W.; MANN, Th. *Il metodo del montaggio: Lettere 1943-1955*. Trad. it. de C. Mainoldi. Milão: Archinto, 2003, p. 28.

risco seria de que Schönberg levasse a dialética "a um ponto morto", porque a técnica dodecafônica tem valor apenas se unir ao mesmo tempo "forças musicais centrífugas, recalcitrantes, e mais ou menos explosivas. Se não estiver acompanhada desse corolário e dessa contradição, tal técnica não tem nenhuma justificativa e é uma perda de tempo".[142] À dodecafonia Adorno contraporá a livre atonalidade, praticada por ele no trabalho de composição.

A conquista principal de Schönberg, a dissonância, mantém-se, porém, *Signum* da modernidade, porque compreende tanto a aspiração à felicidade quanto o sentido de medo perante o imprevisível. "Há mais prazer na dissonância que na consonância: isso acontece ao hedonismo medida por medida. O elemento cortante, dinamicamente reforçado, distinto em si e da uniformidade do afirmativo, torna-se fascínio; e este fascínio, não menos que a repulsa perante a estupidez do positivo, conduz a nova arte a uma terra de ninguém, que representa a terra habitável."[143]

Para Adorno, o valor estético de uma obra – neste caso, musical – é inseparável do conteúdo social de proveniência, da realidade histórica que tende a interpretar. Na música está presente a sociedade em sua totalidade, não apenas uma parte, porque ela é a reelaboração de um clima social que ao mesmo tempo expressa uma nova espiritualidade. E, como nem todas

142 *Id.* "Modern Music is Growing Old". *The Scores*, 18: 22, dez. 1956.

143 *Id. Teoria estetica, op. cit.*, p. 69.

as épocas históricas têm o mesmo valor, Adorno reencontra na idade heroica da alta cultura burguesa aquilo que será sua referência central: o Beethoven intérprete da época revolucionária de onde nasceu o idealismo objetivo e o pensamento dialético moderno. "A música de Beethoven é a filosofia hegeliana",[144] ou melhor, é mais verdadeira do que esta pois fundamentada na convicção de que *a autorreprodução mimética da sociedade* é em si profundamente falsa. O humanismo burguês de Beethoven, que tinha levado ao cume a secularização, conseguiu aperfeiçoar de forma única o ideal da obra de arte como uma totalidade orgânica. Aqueles motivos que do ponto de vista filosófico criavam os maiores problemas, como a sistematicidade, a totalidade e a perfeição, tornam-se aceitáveis em termos musicais, porque não conceituais e, portanto, abertos a acolher a alteridade, a absorver na dissonância as qualidades não-idênticas, a respeitar a diversidade.

De forma paradoxal, Adorno fala também de *desestetização* para expressar sua vontade de pôr a arte em questão, de reconhecê-la por aquilo que está além do próprio mito da beleza. Na conclusão de *Filosofia da música moderna*, lemos: "talvez pudesse ser autêntica apenas a arte que se libertasse da própria ideia de autenticidade, da ideia de dever ser assim e não diversamente".[145]

---

144 Cf. os fragmentos do legado que compõem o livro com curadoria de R. Tiedemann, de título *Beethoven: Philosophie der Musik*. Frankfurt a. M.: Suhrkamp, 1983, p. 284.

145 ADORNO, Th. W. *Filosofia della musica moderna, op. cit.*, p. 210.

Ao salvar a aparência da verdade, a arte não precisa nem de um apoio do tipo metafísico a ela externo, porque já é, em si, *asilo da metafísica.* Portanto, é a metafísica da obra de arte (*Kuntswerkästhetik*) que pretende a cisão da arte e da religião, e apenas ela pode fazê-lo, não a secularização, que é percurso interno da religião.

O conteúdo paradoxal e desestetizante de verdade da obra de arte está para Adorno na caducidade, na não-identidade entre o artista e a sua obra e na não-identidade entre a obra e aquilo a que ela remonta. "A conciliação como modo de comportamento da obra de arte é hoje exercida exatamente ali onde a arte renuncia à ideia de conciliação, em obras cuja forma lhes foi ditada pela inexorabilidade. Contudo, tal conciliação irreconciliável na forma tem como condição a irrealidade da arte."[146]

A arte é, na aparência, no desejo, na dissonância, aquilo que a metafísica sempre quis ser. Adorno opõe, de forma provocativa, a metafísica estética às categorias filosóficas do pensamento clássico, aquele que pretenderia continuar a pensar como se o mundo ainda estivesse em ordem. Esta ordem, o autor nos lembra em seguida, foi *definitivamente* destruída nos campos de concentração. O único consolo, que nos faz olhar a arte com uma confiança limitada, é que "o terceiro Reich não conseguiu produzir nenhuma obra de arte".[147]

---

146 *Id. Teoria estetica, op. cit.*, p. 227.
147 *Id. Minima moralia, op. cit.*, p. 119.

O caráter mimético da arte (seja como imitação da realidade *social*, seja como imitação da realidade *natural*) dá à interpretação utópica do fenômeno artístico uma nova luz: a sua característica principal é a enigmaticidade. As obras de arte *verdadeiras* são enigmáticas enquanto *interrompidas*, não acabadas, enquanto "desmentem aquilo que, todavia, querem ser".[148] A imagem enigmática à qual Adorno confia um papel importante para desvelar o sentido da intimidade artística configura-se como o entrelaçamento de mimese e racionalidade. Esta última vem em ajuda da mimese exatamente por buscar dar um sentido ao insensato. Mas nem mesmo ela poderá fazer algo a mais do que salientar o caráter ambivalente do conteúdo de verdade das obras de arte. O enigma se caracteriza de fato como suspensão do tempo à espera de uma explicação, de uma resposta que também pode não chegar. "O conteúdo de verdade das obras de arte é a solução objetiva ao enigma de toda e qualquer obra. Exigindo a solução, a obra remete ao conteúdo de verdade. Este só pode ser obtido mediante a reflexão filosófica. Isto, e nada mais, justifica a estética."[149]

As pretensões da pesquisa estética devem se manter altas, devem exigir a solução do enigma,[150] mas a verdade não se deixa interpretar facilmente pela análise subjetiva. De fato, Adorno fala de solução *objetiva* e da compreensão enigmática das obras

148 *Id. Teoria estetica, op. cit.*, p. 214.

149 *Ibid.*, p. 216.

150 Trata-se da seguinte questão: "A promessa é engano? Este é o enigma". *Ibid.*

de arte enquanto *fisiognomia* do *espírito objetivo*, como intuição psicológica e moral do aspecto material da objetividade. Mais que uma *manifestação* da verdade, o esforço estético consiste na dedução de seus caráteres, no jogo de transparências e multiplicidades semânticas. "As obras de arte têm o conteúdo de verdade e não o têm."[151]

A solução do enigma, se pudermos falar de solução, é dada pela mediação dialética da negatividade, um tema que nos leva ao que foi expresso pelo cético Adorno em outros textos seus já analisados. "Não há verdade das obras de arte sem negação determinada; a estética deve hoje mostrar abertamente esta negação",[152] também como símbolo da experiência da dor que constitui sua matéria mais verdadeira.[153]

O conhecimento estético e o teórico não têm a mesma capacidade de ação para compreender a essência dos fenômenos. À maior liberdade do primeiro se contrapõe a necessária severidade lógica do segundo. A reflexão estética deve compreender, porém, tanto as razões ideais da filosofia quanto as potencialidades criativas da linguagem artística. De outra forma, damos razão ao fragmento de Friedrich

151 *Ibid.*, p. 217.

152 *Ibid.*, p. 218.

153 Na 14ª aula do curso de verão de 1965, dedicado à *Metafísica*, Adorno, voltando à famosa frase "*Depois de Auschwitz não se pode mais escrever poesia*", afirma: "Deve-se, porém, ainda escrever poesias, no sentido da frase da Estética de Hegel segundo a qual, enquanto entre os homens houver uma consciência da dor, deve haver, então, também a arte como forma objetiva desta consciência". ADORNO, Th. W. *Metafisica: Concetto e problemi*. Ed. it. por S. Petrucciani; trad. it. de L. Garzone. Turim: Einaudi, 2006, p. 133.

Schlegel que Adorno queria usar como mote da *Teoria estética*: "Naquilo que se chama filosofia da arte frequentemente falta uma das duas: filosofia ou arte".

A arte contemporânea tem para Adorno duas características: por um lado, é destinada a ser liquidada (*liquidiert*) a simples mercadoria enquanto indústria cultural de entretenimento e de divertimento; por outro lado, em seu esfacelamento, a arte pode conservar e proteger a sua utopia – o enigma que a constitui – em vista de um possível renascimento. É a aflição humana – o senso da finitude, o limite do existir – que pode impulsionar a arte em direção ao risco de ir além de si mesma e *produzir* um mundo verdadeiramente *melhor*.[154] Este mundo ainda não pode ser denominado, mas está a meio caminho entre as pretensões universalistas e a necessidade de ficar fiel à materialidade. A arte, como as páginas de Kafka e a música de Mahler, deve se colocar nessa terra de ninguém, na região do não mais humano, mas também do ainda não redimido. Aliás, "valeria mais desejar que a arte um dia desaparecesse por completo em vez de que ela se esquecesse *da dor,* que é a sua expressão e na qual a forma tem a sua substância".[155]

154 Cf. *ibid.*, p. 17.
155 *Ibid.*, p. 434 (grifos nossos).

III.

Conceitos-
-chave

Antissemitismo. Não se diferencia dos mecanismos da indústria cultural; o antissemitismo culminado na Alemanha no nacional-socialismo com a perversa intenção de aniquilar todo o povo judeu segue as mesmas lógicas do lucro capitalista, trata os homens como mercadorias e se apresenta como sistema totalitário. Na *Dialética do esclarecimento*, Adorno e Horkheimer sustentam que "a hostilidade religiosa que levou por dois mil anos a perseguir os judeus dificilmente está completamente extinta".

Auschwitz. O nome do maior campo de concentração nazista onde milhões de judeus encontraram a morte se tornou símbolo da barbárie mais inenarrável. Depois de Auschwitz, toda a cultura, da filosofia às artes, não pode mais ser a mesma, deve lutar contra o seu próprio conceito para poder ser representada como humana.

Constelação. Teoria segundo a qual o objeto pode se manifestar apenas na configuração plural de conceitos como se realizam no discurso. A estrutura da constelação não é lógico-formal, mas linguístico-discursiva. Reconstrução de fragmentos e um único contexto.

Dialética. Procedimento lógico aperfeiçoado em sentido triádico por Hegel, que vê no tornar-se, e, portanto, na superação das contradições, a sua base. Falando de dialética negativa, Adorno pretende eliminar o momento sintético para radicalizar o papel da negatividade. A dialética se justifica do ponto de vista histórico, enquanto que do ponto de vista ontológico ela representa a figura da situação falsa. O método dialético se justifica, assim, como uma crítica imanente às contradições sociais.

Dodecafonia (*Zwölftonmusik*). Superação da harmonia clássica do sistema tonal em favor do critério musical inspirado nos doze tons da escala cromática; daqui o caráter dissonante das composições modernas dos autores da Escola Vienense como Schönberg, Webern e Berg. Ao princípio inicial da *livre atonalidade*, a dodecafonia contrapôs uma série de regras compositivas muito rígidas e inspiradas no procedimento matemático. Contra esse desenvolvimento da música moderna são endereçadas as críticas de Adorno.

Esperança (*Hoffnung*). A utopia negativa de Adorno não conhece uma ideia positiva da esperança em um mundo melhor. A pequenez humana não deixa espaço para uma possível afirmação da esperança; ela se mantém, em sintonia com a obra de Kafka, uma possibilidade talvez concreta, mas *não para nós*.

Estupidez (*Dummheit*). É vista por Adorno como uma cicatriz, às vezes imperceptível, que pode dar lugar a deformações e criar caráteres humanos *duros* e *malvados*. A crítica da estupidez olha para os efeitos internos (talvez causados por uma violência sofrida), que geram obstinação e fanatismo.

História natural. Do ponto de vista filosófico, a natureza é parte do tornar-se histórico. A teoria crítica distingue uma primeira e uma segunda naturezas. A primeira é aquela primigênia, que pertence ao patrimônio científico. A segunda é a atropizada, que se desenvolve na medida do homem, e é a mais verdadeira. As duas formas de natureza se relacionam de forma dialética, porque mesmo a natureza deve contrastar a força cega da civilização.

História universal. Não se identifica com o princípio do progresso histórico. Não tem necessidade interna. Como para Benjamin, o conceito de história universal é caracterizado pela espera messiânica.

Ideologia. Em sentido geral, a falsa consciência, da qual é necessário distinguir o conceito dialético de ideologia, que se interroga sobre condições que impulsionam os homens em direção às perversões do fascismo e do antissemitismo. A ideologia mais perigosa é a que forma a *personalidade autoritária*, ou seja, a da indústria cultural vista como manifestação mais traiçoeira da ideologia, inspirada no fetichismo das mercadorias.

Indústria cultural. Forma de instrumentalização da cultura para controlar os seus possíveis traços críticos e contestadores. O sucesso da indústria cultural está na transposição da arte à esfera do consumo econômico. Quando a cultura é reduzida a mercadoria, perde imediatamente a sua função. A indústria cultural não tem apenas um efeito negativo sobre os sujeitos, mas o poder – sobretudo por meio da publicidade – de entrar na própria consciência dos sujeitos reduzidos a simples e passivos consumidores.

Lógica da desagregação (*Logik der Zerfalls*). Contrariamente à lógica do tornar-se de Hegel (Ser – Nada – Tornar-se), Adorno fala de uma lógica da desagregação, englobando tanto a negação daqueles conceitos lógicos que não evitaram a justificação do horror histórico quanto a nova lógica que deve ser posta em ato para criticar aquela fundamentada na identidade. Na *Advertência* da *Dialética negativa*, Adorno confia em terceira pessoa: "a ideia de uma lógica da desagregação é a mais velha de suas concepções filosóficas, remonta aos anos em que era estudante".

Marxismo. Teoria política e social fundamentada na interpretação materialista e dialética da história, para desenvolver uma crítica revolucionária do capitalismo. Adorno tentou evitar a utilização da terminologia marxista. A análise do caráter fetichista da mercadoria tem um papel central para a crítica que Adorno faz à indústria cultural e ao caráter antagonista da totalidade social voltada ao lucro.

Metafísica. Nome dado pela tradição à disciplina filosófica que se questiona sobre o sentido das coisas últimas, vista como superior às ciências físico-naturais. Adorno fala de uma *metafísica negativa* e a liga ao conceito filosoficamente oposto a ela: ao materialismo. Contra a orientação moderna, Adorno defende a metafísica e se declara solidário com suas pretensões apenas no instante de sua queda. É a catástrofe histórica e o respeito pelas vítimas que faz com que o sonho das pretensões metafísicas se mantenha vivo, pretensões estas que são mais bem salvaguardadas pela teologia do que pela filosofia clássica.

Não-identidade. Compreendida como *charneira* crítica da sua obra. Não é um conceito estático, mas contra a identidade hegeliana se coloca no interior do circuito dialético negativo, e deve ser crítica também em relação a si mesma.

Positivismusstreit (Controvérsia sobre o positivismo). Debate vivaz que aconteceu na Alemanha nos anos 1960 após o confronto entre Adorno e Popper no Congresso da Sociedade Alemã de Sociologia. As duas posições divergentes: a contraditoriedade do real (Adorno) e a objetividade da ciência (Popper) não chegaram a encontrar um terreno de comum acordo.

Pós-moderno. Conceito equívoco que tende a expressar tanto uma estação temporal (que vem após o moderno) quanto uma tendência filosófica.

Baseia-se em três pontos: 1) uma pluralização dos conceitos de verdade e de racionalidade; 2) atenção pelas realidades virtuais; 3) superação das chamadas *grandes narrativas* como o comunismo, a democracia, o capitalismo. Alguns críticos da pós-modernidade viram na *Dialética negativa* de Adorno um diagnóstico antecipador deste pensamento; os defensores da pós-modernidade tentaram envolver Adorno, sobretudo a sua estética, neste discurso. Porém, Adorno não é classificável como pós-moderno.

Primado do objeto (*Vorrang des Objekts*). Marca a progressiva diferença qualitativa de uma essência *em si* autônoma, mediada pelas faculdades intelectuais de um sujeito. Uma perspectiva diversa em relação à kantiana. O objeto se torna expressão positiva do não-idêntico, um fundamento que dá sentido tanto aos objetos dados quanto à própria subjetividade.

Promessa de felicidade (*Glücksversprechen*). Para Adorno, é uma utopia, as memórias da infância, *promesse de bonheur.* Apenas a imagem real da beleza pode representar a promessa da felicidade, mesmo continuando a ser uma promessa que não é mantida.

Reconciliação (*Versöhnung*). Representa a esperança da superação da contradição entre os limites do sujeito e a alteridade do objeto. A reconciliação é o momento utópico da negação concreta, e se faz presente sobretudo na arte.

Sistema. Arquitetura filosófica que tende, com coerência, a representar um modelo teórico geral. O mais conhecido é o sistema hegeliano, que converge com uma interpretação global da história da humanidade. Adorno declara a sua crítica ao sistema no uso da linguagem aforística e no privilégio da forma fragmentária.

Sociedade. Aquilo que mantém unida uma totalidade, onde os indivíduos têm um papel que justifica o senso de pertencimento. Mas essa dinâmica social está sujeita a crises que devem ser atribuídas às vicissitudes da história universal, feita de relações econômicas e de contradições necessárias. A experiência do caráter contraditório da realidade social é exatamente o que constitui o motivo central da busca sociológica.

Teoria crítica. Pensada em oposição à tradicional, torna-se sinônimo da Escola de Frankfurt. Elementos essenciais da teoria crítica são a epistemologia de Kant, a lógica dialética de Hegel, a crítica da economia política de Marx e a psicanálise freudiana. Trata-se, portanto, de uma teoria que quer ser ao mesmo tempo histórica, materialista, dialética e autocrítica em relação a si mesma.

Utopia. Não pode não se confrontar com a possibilidade sempre real da barbárie; não pode não ser uma *negativa utopia*. Até mesmo a utopia deve obedecer à crítica imanente e expressar a contradição que a constitui: a de não poder garantir o que promete. Pode-se usar a utopia apenas como conceito crítico, não afirmativo.

IV.

História da recepção

Como crítico da cultura dotado de uma linguagem impetuosa, Adorno influenciou de forma significativa a cena intelectual da Alemanha Ocidental do fim dos anos 1950. A sua erudição interdisciplinar, o fato de pertencer à mítica Escola de Frankfurt e a incrível produtividade intelectual foram motivos para se falar dele como um mestre do pensamento. Se a isso tudo somarmos a aproximação à escola musical vienense de Schönberg e Berg, o exílio por motivos raciais nos EUA e a amizade com autores como Benjamin, Bloch ou Thomas Mann, pode-se compreender o interesse dos leitores pelas suas pesquisas e suas intervenções críticas. Adorno é muito lido na Alemanha a partir da publicação de *Minima moralia*, o conjunto de aforismas publicado em 1951 na recém-criada editora Suhrkamp, que logo se tornou uma obra cultuada por um país que queria deixar para trás a loucura da experiência bélica. Calcula-se que *Minima moralia* tenha vendido 120 mil exemplares.

A primeira tradução da feliz obra de Adorno é exatamente a italiana: a editora Einaudi, de Turim, publica-a em 1954, com a curadoria de Renato Solmi. Esta primeira tradução parcial de *Minima moralia* é acompanhada de uma abrangente introdução por parte do curador. Nas palavras de Cesare Cases, a memorável tradução italiana alimentou "a fama de Adorno na Europa". Interessante é o debate que a publicação desse original livro suscitou na Itália. Em sua introdução, Solmi apresenta a posição de Adorno como inovadora em relação ao provincialismo crociano dos intelectuais de esquerda italianos, mas também alerta sobre o risco antirrevolucionário que o pessimismo de Adorno pode suscitar. "Quem se formou sobre textos dos clássicos, de Lukács, de Gramsci, e vive em países onde a luta de classes ainda tem sentido, não pode compartilhar do pessimismo de Adorno, que, por ser maturado no contexto de uma experiência cosmopolita, não é, talvez por isso, mais justificado."

Se as observações de Solmi foram recebidas sobretudo nos ambientes de esquerda, a recepção de Pietro Rossi, em vez disso, condicionou o juízo dos epistemólogos. Em seu longo texto sobre *Minima moralia,* publicado na *Rivista di filosofia* em 1955, Pietro Rossi critica a atitude anticientífica mantida por Adorno na polêmica sobre o neopositivismo e o caráter retrógrado, se não reacionário, de suas convicções. Até mesmo as críticas voltadas ao mundo da técnica são julgadas de forma negativa, porque fariam com que o discurso filosófico mergulhasse nas areias movediças do irracionalismo.

Quando, 25 anos depois, é publicada a edição integral de *Minima moralia*, também com a tradução de Solmi, mas com uma (acurada) introdução de Leonardo Ceppa, explode de novo a polêmica acerca dos luminosos cortes da primeira edição, que apenas agora estavam evidentes. A acusação voltada à esquerda marxista (e à editora Einaudi) era a de querer censurar um autor incômodo como Adorno que não se encaixava nos cânones do chamado intelectual orgânico.

A partir da segunda metade dos anos 1960, os leitores de Adorno vêm em sua maioria da cultura de esquerda. Suas palavras de ordem, como aquelas de Horkheimer e sobretudo de Marcuse de *O homem unidimensional*, tornam-se verdadeiros manifestos políticos de uma geração que confiava na iminente transformação revolucionária da sociedade. É a partir de Marx que se julgam as páginas de *Dialética do esclarecimento* e de *Dialética negativa.* Esse fato tem, por um lado, limitado a recepção de Adorno aos argumentos mais sociopolíticos de sua reflexão, mas, por outro lado, amplificou a fama de sua obra controversa. É inegável que, para Adorno, Marx não é um autor central, a sua importância não é nem mesmo comparável à de Kant ou de Hegel, e isso não era bem visto pelos marxistas mais ortodoxos. Nos países do socialismo real não se encontravam as obras de Adorno porque a sua dialética negativa não parecia considerar a história concreta das classes políticas.

Na Alemanha, os movimentos estudantis o criticaram por seu distanciamento da política concreta e um certo esnobismo cultural. Com a ocupação do Instituto de Pesquisa Social e a consequente ação da polícia chamada por Adorno em sua função de diretor do Instituto, estará encerrada a possibilidade de diálogo entre o ímpeto revolucionário das jovens gerações e mestres de uma escola de pensamento.

Também na Itália, o debate sobre a qualidade revolucionária e contestadora do pensamento de Adorno assume um caráter fortemente polêmico. Galvano DellaVolpe e Lucio Colletti, com duas contribuições importantes, ressaltam a inutilidade "crítico-romântica" dos teóricos da Escola de Frankfurt e a importância de se manterem fiéis à crítica marxista da perversão econômica do capitalismo.

Nos anos 1960, saem na Alemanha os primeiros estudos acadêmicos sobre os vários aspectos do pensamento de Adorno: Schmucker estuda a lógica da destruição; Beier, a relação entre teoria social e teoria do conhecimento; Düver, o modo como é recebida a ciência na obra completa de Adorno. Lucia Sziborsky se interessa pela filosofia musical, e começam os confrontos entre a obra de Adorno e aquela de Nietzsche, e então com a de Heidegger. Assim, toma forma a consciência de ter-se de lidar com um autor que deve ainda ser conhecido, cujo trabalho exegético sobre seus textos ainda esteja no início.

A sorte editorial de Adorno na Itália, sobretudo depois da publicação de *Dialética do conhecimento* (que constituirá um novo caso editorial), cresce de forma significativa. Ruggero D´Alessandro pôde verificar que no período de 1954 a 2000 foram vendidos mais de 300 mil exemplares das obras de Adorno na Itália, de *Minima moralia* a *Note per la letteratura*. Em 1968, a editora Il Mulino publica o texto de Rusconi sobre *A teoria crítica da sociedade*, em que Adorno finalmente é apresentado como autor original, tanto sob o perfil filosófico quanto sob o sociológico. O seu pensamento é equiparado ao de Lukács e Korsch e, portanto, inserido no mais amplo filão do marxismo ocidental; enquanto o seu pessimismo é interpretado como forma de resistência contra o racionalismo do mundo burguês.

Entre as tantas contribuições desses anos, é preciso lembrar da de Tito Perlini, com o emblemático *Che cosa ha veramente detto Adorno*, e a reconstrução históri-co-crítica da formação do pensamento de Adorno feita por Carlo Pettazzi com *Th. Wiesengrund Adorno: Linee di origine e di sviluppo del pensiero (1903-1949)*.

Nos anos 1970 começa a aparecer nos EUA um certo interesse pela obra de Adorno. O estudioso nova-iorquino Martin Jay publica, em 1983, a primeira história completa da Escola de Frankfurt, *The Dialectical Imagination: A History of the Frankfurt School and the Institute of Social Research, 1923-1950*. Além da precisa reconstrução histórica, a contribuição de Jay é particularmente importante, porque, como afirmaria também no livro sucessivo introdutório à figura de Adorno, define os diversos campos de força presentes em seu pensamento: a energia do marxismo ocidental apoiado, de um lado, pelo modernismo estético e, por outro, pelo silencioso impulso judeu. O tão criticado pessimismo é visto nessa reconstrução como correspondente ao conservadorismo cultural oligárquico, próprio de suas convicções estéticas, a que pertenceria também um movimento antecipatório daquilo que caracterizaria o desconstrutivismo.

Com a progressiva crise cultural e política do marxismo, abre-se uma nova fase na recepção da obra de Adorno. Para celebrar o 80º aniversário do nascimento do filósofo, acontece na Alemanha um encontro muito importante promovido por Jürgen Habermas e Ludwig von Friedeburg, em que o materialismo de Adorno não ocupa mais um posto central. Nos quatro colóquios em que é articulada a Adorno-Konferenz, os relatores tratam da dialética negativa, da teoria estética, da metodologia adorniana e da teoria social. Muito apreciadas foram as aulas em sessão plenária de Hans Robert Jauß e de Martin Jay.

Contra a intenção, considerada pouco militante, dos organizadores da Adorno-Konferenz, levantou-se um grupo de jovens estudantes. Os mais conhecidos são Hermann Schweppenhäuser e Rolf Tiedemann, que organizou o Adorno-Symposium em maio de 1984 na Universidade de Hamburgo. A intenção do Symposium era de fazer uma crítica à Konferenz de Frankfurt e à leitura que Habermas estava destinando ao pensamento de seu mestre Adorno.

A falta de um fundamento normativo e a utilização contraditória e autodestrutiva da razão constituem para Habermas os pontos críticos do pensamento de Adorno. Apenas com um avanço linguístico, baseado na comunicação ideal dos participantes de uma situação discursiva – esta é a proposta de Habermas – pode-se promover a busca do melhor argumento possível e as bases para uma ética do discurso. Os estudiosos do Symposium de Hamburgo reivindicam uma maior fidelidade aos ensinamentos de Adorno, e não concebem a necessidade de uma revisão de seu pensamento.

Werner Beierwaltes publica em 1980 o importante estudo *Identität und Differenz*. O conclusivo quinto capítulo é dedicado à crítica da concepção metafísica da identidade no pensamento de Adorno e Heidegger. As críticas circunstanciadas acerca do sentido do negativo, do não-idêntico e da linguagem paratática de Adorno são resumidas na consideração final: "Permanece incerto se uma forma de pensamento que, como (contra) dialética, torna o negativo seu elemento primário possa ser, em nossa situação, aquilo que salva".

Em 1986, é publicada por Rolf Wiggershaus uma nova e detalhada história da Escola de Frankfurt, na qual implicações políticas, desenvolvimento teórico e vicissitudes históricas são analisados com afinco e distanciamento crítico.

A partir de 1977, a cidade de Frankfurt institui o Prêmio-Adorno para lembrar o filósofo e crítico cultural. O prêmio, de 50 mil marcos, era trienal e conferido a uma personalidade da cultura por sua contribuição não apenas no âmbito da pesquisa filosófica, mas também da música, do teatro e do cinema. Entre os premiados, figuram Norbert Elias (1977), Günter Anders (1983), Pierre Boulez (1992), Jean-Luc Godard (1995) e Jacques Derrida (2001).

Os anos 1990 são caracterizados pela descoberta da obra póstuma de Adorno. Graças ao

Arquivo-Adorno de Frankfurt são curadas as publicações de Nachlass na editora Suhrkamp. Trata-se das transcrições de suas aulas universitárias e dos escritos incompletos ou seus rascunhos. A esse ambicioso projeto editorial é necessário acrescentar a publicação, sempre com a curadoria do Arquivo e de Rolf Tiedemann, dos *Frankfurter Adorno Blätter*, que juntam materiais de naturezas diversas, cartas inéditas, comentários e pequenos ensaios. Esta coletânea de oito volumes foi publicada pela editora text+kritik, de Munique.

A reelaboração dos cursos dados por Adorno no ano acadêmico de 1956-57 e no ano de 1963, com o título *Problemas de filosofia moral*, constitui a trama da reflexão que Gerhard Schweppenhäuser desenvolve em seu *Ethik nach Auschwitz: Adornos negative Moralphilosophie*. Trata-se de uma contribuição importante para a retomada dos temas éticos do pensamento adorniano.

Na Itália também, graças, sobretudo, aos trabalhos de Franco Volpi e Remo Bodei, começa-se a falar dos aspectos mais filosóficos e teóricos do pensamento de Adorno, daquilo que ele realmente escreveu e não do que representou. Saem os trabalhos de Massimo Nardi, de Stefano Petrucciani e de Lucio Cortella, que farão com que se preste atenção ao caráter inovador da razão dialética negativa, ao conceito de autocrítica da racionalidade do esclarecimento e à hermenêutica da linguagem de Adorno.

Em 2003, por ocasião do centenário de nascimento do filósofo, são publicadas três novas biografias. Em particular a de Stefan Müller-Doohm, a mais completa, conseguiu aproximar a vida e a obra de Adorno à contemporaneidade. Além do importante congresso de Frankfurt sobre a dialética da liberdade, e do não menos significativo realizado no Centro ítalo-germânico de Villa Vigoni sobre a recepção de Adorno, ambos em 2003, foram lançadas nos EUA duas publicações corroborando o êxito mundial de seu pensamento. Em 2002, a Blackwell publica o volumoso *Adorno: A Critical Reader*, editado por N. Gibson e A. Rubin; enquanto em 2004 a Cambridge University Press, com sede também em Nova Iorque, coloca à disposição do público o *Cambridge Companion to Adorno*. Os estudos mais recentes parecem indicar um interesse renovado pela reconstrução da filosofia moral negativa que Adorno gostaria de investigar. Apontam nessa direção as pesquisas de Gerhard Schweppenhäuser e aquelas de vários modos influenciadas pela voz ainda prestigiosa de Jürgen Habermas.

Bibliografia

1. Escritos de Adorno

a) Obras completas

As obras completas de Adorno foram publicadas em vinte volumes na *Gesammelte Schriften*, da Suhrkamp, com curadoria de R. Tiedemann e colaboração de G. Adorno, S. Buck-Morss e K. Schultz (Frankfurt a. M., 1973-1986; 2. ed., 2004).

Os escritos póstumos dos *Nachgelassene Schriften* são publicados, sempre pela Suhrkamp, a partir de 1993 pelo Arquivo Adorno, o qual também é responsável pela curadoria das correspondências, das cartas e de outros materiais que constam da coleção de oito volumes dos *Frankfurter Adorno Blätter*, publicados pela editora text+kritik, de Munique, entre 1992-2003.

b) Obras individuais

ADORNO, Theodor W. *Noten zur Literatur*. Frankfurt a. M.: Suhrkamp, 1958 (vol. I); 1961 (vol II); 1965 (vol. III); 1974 (vol. IV).

______. *Philosophische Terminologie*. Editado por Rudolf zur Lippe. Frankfurt a M.: Suhrkamp, 1973-1974, 2 vols.

ADORNO, Theodor W. *Ästhetische Theorie*. Frankfurt a. M.: Suhrkamp, 1970.

______. *Stichworte: Kritische Modelle*. Frankfurt a. M.: Suhrkamp, 1969.

______. *Berg: Der Meister des kleinsten Übergangs*. Viena: Elisabeth Lafite/Österreichischer Bundesverlag, 1968.

______. *Impromptus: Zweite Folge neu gedruckter musikalischer Aufsätze*. Frankfurt a. M.: Suhrkamp, 1968.

______. *Ohne Leitbild: Parva Aesthetica*. Frankfurt a. M.: Suhrkamp, 1967 (2. ed., 1968).

______. *Negative Dialektik*. Frankfurt a. M.: Suhrkamp, 1966.

______. *Jargon der Eigentlichkeit: Zur deutschen Ideologie*. Frankfurt a. M.: Suhrkamp, 1964.

______. *Moments musicaux: Neu gedruckte Aufsätze 1928-1962*. Frankfurt a. M.: Suhrkamp, 1964.

______. *Der getreue Korrepetitor: Lehrschriften zur musikalischen Praxis*. Frankfurt a. M.: Fischer, 1963.

______. *Drei Studien zu Hegel*. Frankfurt a. M.: Suhrkamp, 1963.

______. *Eingriffe: Neun kritische Modelle*. Frankfurt a. M.: Suhrkamp, 1963.

______. *Quasi una fantasia: Musikalische Schriften II*. Frankfurt a. M.: Suhrkamp, 1963.

______. *Einleitung in die Musiksoziologie*. Frankfurt a. M.: Suhrkamp, 1962.

______. *Mahler: Eine musikalische Physiognomik*. Frankfurt a. M.: Suhrkamp, 1960.

______. *Klangfiguren: Musikalische Schriften*. Frankfurt a. M.: Suhrkamp, 1959, vol. I.

ADORNO, Theodor W. *Dissonanzen: Musik in der verwalteten Welt*. Gotinga: Vandenhoeck & Ruprecht, 1956.

______. *Zur Metakritik der Erkenntnistheorie: Studien* über *Husserl und die phänomenologischen Antinomien*. Estugarda: Kohlhammer, 1956.

______. *Prismen: Kulturkritik und Gesellschaft*. Frankfurt a. M.: Suhrkamp, 1955.

______. *Versuch über Wagner*. Frankfurt a. M.: Suhrkamp, 1952.

______. *Minima moralia: Reflexionen aus dem beschädigten Leben*. Frankfurt a. M.: Suhrkamp, 1951.

______. *Philosophie der neuen Musik*. Tubinga: Mohr-Siebeck, 1949.

______. *Kierkegaard: Konstruktion des Ästhetischen*. Tubinga: Mohr-Siebeck, 1933; 2. ed. (ampliada) Frankfurt a. M.: Suhrkamp, 1962.

HORKHEIMER, Max; ADORNO, Theodor W. *Dialektik der Aufklärung*. Amsterdam: Querido, 1947; 2. ed. Frankfurt a. M.: Fischer, 1969.

c) Escritos do legado

ADORNO, Theodor W. *Philosophie und Soziologie*. Editado por D. Braunstein. Frankfurt a. M.: Suhrkamp, 2011.

______. *Einführung in die Dialektik*. Editado por Christoph Ziermann. Frankfurt a. M.: Suhrkamp, 2010.

______. *Ästhetik*. Editado por Eberhard Ortland. Frankfurt a. M.: Suhrkamp, 2009.

ADORNO, Theodor W. *Ontologie und Dialektik*. Editado por Rolf Tiedemann. Frankfurt a. M.: Suhrkamp, 2002.

______. *Zur Lehre von der Geschichte und von der Freiheit*. Editado por Rolf Tiedemann. Frankfurt a. M.: Suhrkamp, 2001.

______. *Zu einer Theorie der musikalischen Reproduktion*. Editado por Henri Lonitz. Frankfurt a. M.: Suhrkamp, 2001.

______. *Metaphysik: Begriff und Probleme*. Editado por Rolf Tiedemann. Frankfurt a. M.: Suhrkamp, 1998.

______. *Probleme der Moralphilosophie*. Editado por Thomas Schröder. Frankfurt a. M.: Suhrkamp, 1996.

______. *Kants "Kritik der reinen Vernunft"*. Editado por Rolf Tiedemann. Frankfurt a. M.: Suhrkamp, 1995.

______. "Der Begriff der Philosophie". *Frankfurter Adorno Blätter*. Editado por Rolf Tiedemann. Munique: text+kritik, 1993, vol. II.

______. *Beethoven: Philosophie der Musik*. Editado por Rolf Tiedemann. Frankfurt a. M.: Suhrkamp, 1993.

HORKHEIMER, Max; ADORNO, Theodor W. *Vorlesung über negative Dialektik*. Editado por Rolf Tiedemann. Frankfurt a. M.: Suhrkamp, 2004.

d) Traduções italianas

ADORNO, Theodor W. *Metafisica: Concetto e problemi*. Trad. it. de L. Garzone, curadoria e introd. de S. Petrucciani. Torino: Einaudi, 2006.

ADORNO, Theodor W. *Immagini dialettiche: Scritti musicali 1955-1965*. Curadoria e introd. de G. Borio, trad. it. de A. Arbo, G. Taglietti, M. Garda e G. Borio. Torino: Einaudi, 2004.

______. *Sulla popular music*. Trad. it. e curadoria de M. Santoro. Roma: Armando, 2004.

______. *Beethoven: Filosofia della musica*. Editado por V. Cuomo; Trad. it. de M. Buovolo Ullrich. Nápoles: Tempolungo, 2002.

______. *Il concetto di filosofia*. Tr. it. de P. Ciccarelli, curadoria de Ch. Gödde, introd. de S. Petrucciani. Roma: Manifestolibri, 1999.

______. *Contro l'antisemitismo*. Trad. it. de F. Felice, curadoria de S. Petrucciani. Roma: Manifestolibri, 1994.

______. *Kierkegaard: La costruzione dell'estetico*. Trad. it. de A. Burger Cori. Milão: Longanesi, 1983; nova edição: Parma: Guanda, 1993.

______. *Il gergo dell'autenticità: Sull'ideologia tedesca*. Edição e trad. it. de P. Lauro; introd. de R. Bodei. Torino: Bollari Boringhieri, 1989.

______. *Alban Berg: Il maestro del minimo passaggio*. Trad. it. e curadoria de P. Petazzi. Milão: Feltrinelli, 1983.

______. *Note per la letteratura (1961-1968)*. Trad. it. de E. de Angelis. Torino: Einaudi, 1979.

______. *Parva aesthetica: Saggi 1958-1967*. Trad. it. de E. Franchetti, com notas de R. Masiero. Milão: Feltrinelli, 1979.

______. *Minima immoralia*. Trad. it. de G. Carchia. Milão: L´Erba Voglio, 1976 (contém os aforismas excluídos da ed. parcial de 1954).

ADORNO, Theodor W. *Scritti sociologici*. Trad. it. de A. Marietti Solmi. Torino: Einaudi, 1976.

______. *Teoria estetica*. Trad. it. de E. de Angelis. Torino: Einaudi, 1975.

______. *Terminologia filosofica*. Trad. it. de A. Solmi. Torino: Einaudi, 1975, 2 vols.; nova ed. com trad. it. de A. Solmi e prefácio de S. Petrucciani. Torino: Einaudi, 2007, 2 vols.

______. *Parole chiave: Modelli critici*. Trad. it. de M. Agrati, introd. de T. Perlini. Milão: SugarCo, 1974.

______. *Impromptus: Saggi musicali 1922-1968*. Tr. it. de C. Mainoldi. Milão: Feltrinelli, 1973.

______. *Prismi: Saggi sulla critica della cultura*. Tr. it. de C. Mainoldi, M. Bertolini Peruzzi, E. Zolla, E. Filippini, G. Manzoni e A. Burger Cori. Torino: Einaudi, 1972.

______. *Introduzione alla sociologia della musica*. Trad. it. de G. Manzoni e introd. de L. Rognoni. Torino: Einaudi, 1971.

______. *Tre saggi su Hegel*. Trad. it. de F. Serra e introd. de R. Bodei. Bolonha: Il Mulino, 1971.

______. *Dialettica negativa*. Trad. it. de C. A. Donolo. Torino: Einaudi, 1970; nova ed. com trad. it. de P. Lauro, introd. e curadoria de S. Petrucciani. Torino: Einaudi, 2004.

______. *Il fido maestro sostituto: Studi sulla comunicazione della musica*. Trad. it. e introd. de G. Manzoni. Torino: Einaudi, 1969.

______. *Wagner, Mahler: Due studi*. Trad. it. de M. Bortolotto e G. Manzoni, introd. de M. Bortolotto. Torino: Einaudi, 1966.

ADORNO, Theodor W. *Sulla metacritica della gnoseologia*. Trad. it. de A. Burger Cori. Milão: Sugar, 1964; nova ed. *Metacritica della teoria della conoscenza: Studi su Husserl e sulle antinomie fenomenologiche*. Curadoria e ensaio introd. de F. Riccio. Milão: Mimesis, 2004.

______. *Dissonanze*. Trad. it. de G. Manzoni. Milão: Feltrinelli, 1959.

______. *Filosofia della musica moderna*. Trad. it. de G. Manzoni. Torino: Einaudi, 1959; nova ed. com introd. de A. Serravezza e ensaio de L. Rognoni. Torino: Einaudi, 2002.

______. *Minima moralia: Meditazioni della vita offesa*. Tradução italiana (parcial) e introdução de R. Solmi. Torino: Einaudi, 1954; nova ed., com trad. it. (integral) de R. Solmi e introd. de L. Ceppa. Torino: Einaudi, 1979.

HORKHEIMER, Max; ADORNO, Theodor W. *Dialettica dell'illuminismo*. Trad. it. de L. Vinci (pseudônimo de R. Solmi). Torino: Einaudi, 1966; nova ed. com introd. de C. Galli. Torino: Einaudi, 1997.

2. Composições

ADORNO, Theodor W. *Klavierstücke*. Editado por M. L. López-Vito. Munique: text + kritik, 2001.

______. *Kompositionen Bd. III: Kompositionen aus dem Nachlass*. Editado por M. L. López-Vito e U. Krämer. Munique: text + kritik, 2007.

______. *Kompositionen Bd. I: Alle Klavierzyklen*. Editado por H.-K. Metzger e R. Riehn. Munique: text + kritik, 1980.

ADORNO, Theodor W. *Kompositionen Bd. II: Kammermusik, Chor-und Orchesterwerke*. Editado por H.-K. Metzger e R. Riehn. Munique: text + kritik, 1980.

______. *Der Schatz des Indianer-Joe: Singspiel nach Mark Twain*. Edição e posfácio de Rolf Tiedemann. Frankfurt a. M.: Suhrkamp, 1979.

3. Correspondências

ADORNO, Theodor W.; SCHOLEM, Gershom. *Briefwechsel 1939-1969*. Editado por A. Augenmann. Frankfurt a. M.: Suhrkamp, 2015.

ADORNO, Theodor W.; HORKHEIMER, Max. *Briefwechsel*. Editado por Ch. Gödde e H. Lonitz. Frankfurt a. M.: Suhrkamp, 2003-2005, 3 vols.

ADORNO, Theodor W. *Briefe an die Eltern, 1939-1951*. Editado por Ch. Gödde e H. Lonitz. Frankfurt a. M.: Suhrkamp, 2003.

ADORNO, Theodor W.; CELAN Paul. "Briefwechsel 1960-1968". Editado por J. Seng. *Frankfurter Adorno Blätter VIII*. Editado por Rolf Tiedemann. Munique: text+kritik, 2003.

ADORNO, Theodor W.; MANN, Thomas. *Briefwechsel 1943-1955*. Editado por Christoph Gödde e Thomas Sprecher. Frankfurt a. M.: Suhrkamp, 2002; ed. it.: *Il metodo del montaggio: Lettere 1943-1955*. Trad. it. de Carlo Mainoldi. Milão: Archinto, 2003.

ADORNO, Theodor W.; LENK, Elisabeth. *Briefwechsel 1962-1969*. Editado por E. Lenk. Munique: text+kritik, 2001.

ADORNO, Theodor W.; BERG, Alban. *Briefwechsel 1925-1935*. Editado por H. Lonitz. Frankfurt a. M.: Suhrkamp, 1997.

ADORNO, Theodor W.; BENJAMIN, Walter. *Briefwechsel 1928-1940*. Editado por H. Lonitz. Frankfurt a. M.: Suhrkamp, 1994.

ADORNO, Theodor W.; SOHN-RETHEL, Alfred. *Briefwechsel 1936-1969*. Editado por Christoph Gödde. Munique: text+kritik, 1991; ed. it.: *Carteggio 1936-1969*. Trad. it. e introd. de L. Garzone. Roma: Manifestolibri, 2000.

ADORNO, Theodor W.; KRENEK, Ernst. *Briefwechsel*. Editado por W. Rogge. Frankfurt a. M.: Suhrkamp, 1974.

4. Biografias

CLAUSSEN; Detlev. *Theodor W. Adorno: Ein letztes Genie*. Frankfurt a. M.: Fischer, 2003.

FRUCHTL, Josef; CALLONI, Maria (Eds.). *Geist gegen den Zeitgeist: Erinnern an Adorno*. Frankfurt a. M.: Suhrkamp, 1991.

JÄGER, Lorenz. *Adorno: Eine politische Biographie*. Estugarda: Deutsche Verlagsanstalt, 2003.

MÜLLER-DOOHM, Stefan. *Adorno: Eine Biographie*. Frankfurt a. M.: Suhrkamp, 2003; ed. it.: *Theodor W. Adorno: Biografia di un intellettuale*. Trad. it. de B. Agnese. Roma: Carocci, 2003.

5. Estudos críticos

a) Estudos gerais

BEIERWALTES, Werner. *Identität und Differenz*. Frankfurt a. M.: Vittorio Klostermann, 1980; ed. it.: *Identità e differenza*. Trad. it. de S. Saini, intr. de A. Bausola. Milão: Vita e Pensiero, 1989.

BOZZETTI, Mauro. *Hegel und Adorno: Die kritische Funktion des philosophischen Systems*. Freiburg/Munique: Karl Alber, 1996.

DÜVER, Lothar. *Theodor W. Adorno: Der Wissenschaftsbegriff der kritischen Theorie in seinem Werk*. Bonn: Bouvier, 1978.

FERRARI, M.; VENTURELLI, A. *Theodor W. Adorno: La ricezione di un maestro conteso*. Florença: Olschki, 2005.

FRIEDEBURG, Ludwig von; HABERMAS, Jürgen (Eds.). *Adorno-Konferenz 1983*. Frankfurt a. M.: Suhrkamp, 1983.

FRÜCHTL, Josef. *Mimesis: Konstellation einer Zentralbegriffs bei Adorno*. Wurtzburgo: Königshausen & Neumann, 1986.

GIBSON, Nigel C.; RUBIN, Andrew. *Adorno: A Critical Reader*. Oxford (Massachusetts): Malden, 2002.

HABERMAS, Jürgen. *Philosophisch-politische Profile*. Frankfurt a. M.: Suhrkamp, 1981.

HONNETH, Axel. *Dialektik der Freiheit: Frankfurt Adorno-Konferenz 2003*. Frankfurt a. M.: Suhrkamp, 2003.

HUHN, Thomas. *The Cambridge Companion to Adorno*. Cambridge/Nova Iorque: Cambridge University Press, 2004.

JAY, Martin. *Adorno*. Londres: Fontana Paperbacks, 1984; ed. it.: *Theodor W. Adorno*. Trad. it. de S. Pompucci Rosso. Bolonha: Il Mulino, 1987.

______. *The Dialectical Imagination: A History of the Frankfurt School and the Institute of Social Research – 1923-1950*. Londres: Heinemann Educational Book, 1973; ed. it.: *L'immaginazione dialettica: Storia della Scuola di Francoforte e dell'Istituto per le ricerche sociali – 1923-1950*. Trad. it. de N. Paoli. Torino: Einaudi, 1979.

LÖBIG, Michael; SCHWEPPENHÄUSER, Hermann (Eds.). *Hamburger Adorno-Symposion*. Luneburgo: Dietrich zu Klampen, 1984.

NEBULONI, Roberto. *Dialettica e storia in Th. W. Adorno*. Milão: FrancoAngeli, 1978.

PASQUALOTTO, Giorgio. *Teoria come utopia*. Verona: Bertani, 1974.

PERLINI, Tito. *Che cosa ha veramente detto Adorno*. Roma: Ubaldini, 1971.

PETRUCCIANI, Stefano. *Introduzione a Adorno*. Roma/Bari: Laterza, 2007.

PETTAZZI, Carlo. *Th. W. Adorno: Linee di origine e di sviluppo del pensiero (1903-1949)*. Florença: La Nuova Italia, 1979.

POMA, Iolanda. *Minima Philosophiae: La modernità in Th. W. Adorno*. Torino: Trauben, 1998.

REIJEN, van Willem. *Adorno zur Einführung*. Hanôver: Soak, 1980.

ROSE, Gillian. *The Melancholy Science: An Introduction to the Thought of Theodor W. Adorno*. Londres: Macmillan, 1978.

RUSCONI, Gian Enrico. *La teoria critica della società*. Bolonha: Il Mulino, 1968.

SCHMUCKER, Joseph F. *Adorno: Logik des Zerfalls*. Estugarda: Frommann-Holzboog, 1977.

SCHWEPPENHÄUSER, Gerhard. *Theodor W. Adorno zur Einführung*. Hamburgo: Junius, 1996.

TAVANI, Elena. *L'apparenza da salvare: Saggio su Th. W. Adorno*. Milão: Guerini e Associati, 1994.

TIEDEMANN, Rolf. *Mythos und Utopie: Aspekte der Adornoschen Philosophie*. Munique: text+kritik, 2009.

WELLMER, Albrecht. *Zur Dialektik von Moderne und Postmoderne: Vernunftkritik nach Adorno*. Frankfurt a. M.: Suhrkamp, 1985; ed. it.: *La dialettica moderno-postmoderno: La critica della ragione dopo Adorno*. Milão: Unicopli, 1987.

WIGGERSHAUS, Rolf. *Theodor W. Adorno*. Munique: Beck, 1987.

______. *Die Frankfurter Schule: Geschichte – Theoretische Entwicklung – Politische Bedeutung*. Munique/Viena: Carl Hanser, 1986; ed. it.: *La Scuola di Francoforte: Storia, sviluppo teorico, significato politico*. Trad. it. de P. Amari e E. Grillo. Torino: Bollati Boringhieri, 1992.

b) Estudos particulares

BEIER, Christel. *Zum Verhältnis von Gesellschaftstheorie und Erkenntnistheorie*. Frankfurt a. M.: Suhrkamp, 1977.

BERNARD, Andreas; RAULFF, Ulrich. *Theodor W. Adorno: "Minima moralia" neu gelesen*. Frankfurt a. M.: Suhrkamp, 2003.

BOZZETTI, Mauro. *Pensare con stile: La narratività della filosofia*. Bréscia: La Scuola, 2011.

COLLETTI, Lucio. *Il marxismo e Hegel*. Bari: Laterza, 1969.

CORTELLA, Lucio. *Dopo il sapere assoluto: L'eredità hegeliana nell'epoca post-metafisica*. Milão: Guerini e Associati, 1995.

CORTELLA, Lucio; RUGGENINI, Mario; BELLAN, Alessandro. *Adorno e Heidegger: Soggettività, arte, esistenza*. Roma: Donzelli, 2005.

DELLA VOLPE, Galvano. *Critica dell'ideologia contemporânea*. Roma: Riuniti, 1967.

GRIPP-HAGELSTANGE, Helga. *Theodor W. Adorno: Erkenntnisdimensionen negativer Dialektik*. Paderborn: Schöningh, 1986.

HONNETH, Axel. *Kritik der Macht: Reflexionsstufen einer kritischen Gesellschaftstheorie*. Frankfurt a. M.: Suhrkamp, 1986.

HÖSLE, Vittorio. *Zur Geschichte der Ästhetik und Poetik*. Basel: Schwabe, 2013.

JEPSEN, Per. *Adornos kritische Theorie der Selbstbestimmung*. Wurtzburgo: Königshausen & Neumann, 2012.

KNOLL, Manuel. *Theodor W. Adorno: Ethik als erste Philosophie*. Munique: Fink, 2002.

LINDNER, Burkhardt; LÜDKE, W. Martin (Eds.). *Materialien zur ästhetischen Theorie: Theodor W. Adorno*. Frankfurt a. M.: Suhrkamp, 1985.

MÖRCHEN, Hermann. *Adorno und Heidegger: Untersuchung einer philosophischen Kommunikationsverweigerung*. Estugarda: Klett-Cotta, 1981.

______. *Macht und Herrschaft im Denken von Heidegger und Adorno*. Estugarda: Klett-Cotta, 1980.

NAEHER, Jürgen (Ed.). *Die negative Dialektik Adornos*. Opladen: Leske und Budrich, 1984.

NARDI, Massimo. *Pensare nella verità: L'itinerario della ragione dialettica in Th. W. Adorno*. Roma: Studium, 1993.

PELLEGRINO, Paollo. *Teoria critica e teoria estetica in Th. W. Adorno*. Lecce: Argo, 2004.

PETRUCCIANI, Stefano. *Ragione e domínio: L'autocritica della razionalità occidentale in Adorno e Horkheimer*. Roma: Salerno, 1984.

REIJEN, Willem van; SCHMID-NOERR, Gunzelin. *Vierzig Jahre Flaschenpost: 'Dialektik der Aufklärung' 1947-1987*. Frankfurt a. M.: Fischer, 1987.

SCHWEPPENHÄUSER, Gerhard. "Humane Zellen im inhumanen Allgemeinen? Adornos negative Moralphilosophie". *In*: ELBE, Ingo; ELLMERS, Swen; DUBADZE, Devi (Eds.). *Die Moral in der Kritik: Ethik als Grundlage und Gegenstand Kritischer Gesellschaftstheorie*. Wurtzburgo: Königshausen & Neumann, 2011.

SCHWEPPENHÄUSER, Gerhard. *Ethik nach Auschwitz: Adornos negative Moralphilosophie*. Hamburgo: Argument, 1993.

SCHWEPPENHÄUSER, Gerhard; WISCHKE, Mirko. *Impuls und Negativität: Ethik und Ästhetik bei Adorno*. Hamburgo: Argument, 1995.

SZIBORSKY, Lucia. *Adornos Musikphilosophie: Genese, Konstitution, Pädagogische Perspektiven*. Munique: Wilhelm Fink, 1979.

THYEN, Anke. *Negative Dialektik und Erfahrung: Zum Rationalität des Nichtidentischen bei Adorno*. Frankfurt a. M.: Suhrkamp, 1989.

WIGGERSHAUS, Rolf. *Max Horkheimer: Unternehmer in Sachen "Kritische Theorie"*. Frankfurt a. M.: Fischer, 2013.

Índice onomástico

A

B

C

D

E

F

G

H

J

K

L

M

N

P

R

S

T

V

W

Esta obra foi composta em CTcP
Capa: Supremo 250g – Miolo: Book Ivory Slim 65g
Impressão e acabamento
Gráfica e Editora Santuário